ゴムべらで混ぜて、冷蔵庫でゆっくり発酵

素朴で おおらかな イタリアパン

カリニ 彩

文化出版局

はじめに

私は小学生の数年間をイタリア・ミラノで過ごしました。ある日の夕方、バス停で母とバスを待っていたとき、近くのパン屋さんから漂ってくる小麦のいい香りに思わず「いい匂い〜」と魅了され、今でもその記憶が強く残っています。さらに食べると日本では出会ったことのない小麦の香りがし、かみしめると小麦のうまみがじわっと口の中に広がりました。

その後、大学生になってボローニャ大学に交換留学し、二度目のイタリアでの生活がスタート。本場のパンやフォカッチャ、ピッツァのおいしさに感動し、独学でパン作りをするようになりました。「どうしてもイタリアのフォカッチャが作りたい！」と帰国後もチャレンジは続きましたが、なかなか理想のパンにはなりませんでした。

そんなときに、出会ったのが「こねない」パン。この手法でフォカッチャを作ってみたら、イタリアのフォカッチャにとても近い風味に仕上がりました。「こねない」パンは水分量が多いので、中はしっとりもちもち、外はカリッ。まさに私が求めていたフォカッチャを再現できたのです。その後も自分なりの改良を続け、レパートリーもどんどん増えました。

子どもを4人出産したあとも「こねない」パン作りは続き、冷蔵庫で発酵させることで発酵時間を気にする必要がなく、忙しい日常の中でもパン作りが気軽にできるようにしました。でき上がったパンが食卓に並ぶと、「お母さんのパンは、パン屋さんよりおいしい！」「君の作るパンはどれも僕が幼いころから食べてきた味がしてうまい！」と、子どもたちもイタリア人の夫もぱくぱく食べてくれます。その姿を見るたび、作る喜びで満たされ、さらにおいしいパンを作ってあげたくなります。

本書ではイタリアの代表的なパンであるフォカッチャ、ピッツァ、チャバッタなどのシンプルなパンとアレンジパンをラインナップ。名前もピザはピッツァ、チャバタはチャバッタ、サンドはパニーニ（またはパニーノ）とイタリア流にしています。そして巻き込みパンとグリッシーニ以外は冷蔵庫の野菜室で行なう低温長時間発酵を取り入れ、少量のイーストで小麦の香りがより感じられるパンにしています。

イタリアのパンはおおらかでサイズや形がばらばら。それでいいのです。小さいことは気にしません。料理やパン作りに時間をかけるより、おしゃべりの時間を確保したい！　というのがイタリア流。家族でわいわい食卓を囲む中心に焼きたてパンがあれば、それはもう最高です。

本書でご紹介したレシピなら、こんなに簡単にパンができる、これならできそう、と思っていただけるはず。パン作りが皆さんの日常の一部になれば幸いです。

カリニ 彩

2	はじめに
6	イタリアパンの魅力
8	おもな材料
9	おもな道具
10	パン作りのポイント

Sommario

Focaccia e Pizze
フォカッチャ&ピッツァ

12	基本のフォカッチャ（岩塩&ローズマリー）
16	オニオンチーズのフォカッチャ
18	トマトとオリーブのフォカッチャ
20	具だくさんフォカッチャ
22	ウィンナーロールフォカッチャ
24	基本のピッツァ（ポテト&ローズマリー）
28	トマトとブッラータのサラダピッツァ
30	ミニピッツァ（マルゲリータ）
32	包み焼きピッツァ
34	クワットロ・フォルマッジの ハニーペッパーピッツァ（4種のチーズ）
36	ソーセージときのこ&なすの パルミッジャーナのハーフ&ハーフピッツァ

この本の決まり
- 大さじ1＝15mL、小さじ1＝5mL、ひとつまみは親指と人さし指、中指の3本でつまんだ量です。
- オーブンは電気オーブンを使っています。機種によって多少差があるので焼き加減を見ながら調整してください。本書で使った天板はオーブンに付属のもので、サイズは38×36×高さ2cm。
- 電子レンジは600Wを使用しています。500Wの場合は加熱時間を1.2倍にしてください。

Ciabatta e Pagnotta
チャバッタ＆カンパーニュ

- 40　基本のチャバッタ
- 44　コーンバターのミニチャバッタ
- 46　じゃがいものもちもちチャバッタ
- 48　ローズマリーとオリーブのレモンチャバッタ
- 50　オリーブとパルミジャーノのチャバッタ
- 52　玉ねぎとレーズンのカレー風味チャバッタ
- 54　基本のカンパーニュ
- 58　ショコラカンパーニュ
- 60　いちじくとメープルナッツのパン
- 62　紅茶とレモンピールのバトンパン

Pani soffici e Grissini
巻き込みパン＆グリッシーニ

- 66　ナポリの惣菜パン① ベーコンとチーズ
- 68　ナポリの惣菜パン② 枝豆とチーズ
- 70　ナポリの惣菜パン③ アップルシナモンロール
- 72　岩塩＆オリーブオイルのグリッシーニ
- 74　タイム＆パルミジャーノのグリッシーニ
- 76　作ったパンで楽しむパニーノとブルスケッタ

Rubrica
- 38　イタリアのピッツァの種類
- 64　イタリア人にとってのパン

particolarità del pane italiano
イタリアパンの魅力

1
こねなくていい！
粉を加えて混ぜるとき、密閉容器の中でゴムべらを使って混ぜます。粉が飛び散る心配もなく、手に粉がくっつくこともありません。巻き込みパン（p.65～）はポリ袋に入れて手でもむだけ。ゴムべらやポリ袋を使えば、こねなくてもちゃんと混ざるので手軽に作れます。

2
小麦の味が堪能できる！
最小限のイーストしか使わないので小麦粉の風味が引き立ち、小麦本来の味を楽しむことができます。さらにトッピングの具材のうまみも際立つので、最後まで飽きずに食べられます。小麦の味を楽しむイタリア流のパンの味わい方、ぜひお試しください。

3

発酵は冷蔵庫の野菜室でゆっくりと

一次発酵は冷蔵庫の野菜室で12時間かけてじっくり行なうので（巻き込みパンとグリッシーニを除く）、時間に追われることがありません。しかも発酵時間の12時間を過ぎても2日間くらいはよい状態をキープできます。夜に冷蔵庫に入れておけば、翌朝焼きたてを食べられます。

4

ざっくり作っても失敗なし！

イタリアの家庭で作るパンにはあまり細かい決まりごとはありません。生地をのばすときは手を使ってダイナミックに、分割もいちいち計量しなくて大丈夫。おおまかにカードで切り分けるから多少不ぞろいですが、だれも気にしません。手軽に作って楽しむのがイタリア流です。

5

オリーブオイルでヘルシー

イタリア人はオリーブ好き。パン作りでもオリーブオイルは大活躍です。オリーブオイルは抗酸化作用の強いポリフェノールを多く含むので脂肪がつきにくい働きがあるといわれます。ヘルシーな油脂としてパンのほかにもパスタなどによく使われます。

おもな材料

私がふだん使っているものを紹介します。基本的には近くのお店で手に入るもので大丈夫です。

オリーブオイル
すべてエクストラバージンオリーブオイルを使用。生地に加えるオイルはピュアオリーブオイルでもよいが、焼き上がったあとにかけるオイルは香りが高いものを使う。

強力粉
スーパーで手軽に手に入る「カメリヤ」を使用。国産の粉でも作れるが、吸水率が変わるので注意が必要。

薄力粉
スーパーで手に入る薄力粉を使用。銘柄は特にこだわらなくてよい。

ドライイースト
「白神こだま酵母」を使用。もちろんほかのドライイーストでもOK。使ったあとはしっかりと口を閉じて冷蔵庫で保存する。

塩
自然塩を使用。ミネラル分が多いのでマイルドな仕上がりになる。

きび砂糖
砂糖はすべてきび砂糖を使用。クセがなくマイルドな味わいがパンによく合う。

おもな道具

特にこのメーカーのこの道具といったものはありません。慣れたものを使ってください。100円ショップでも購入できます。

密閉容器
材料を混ぜて発酵させるときに使う。サイズは22×16×高さ8cm。少し大きめのものが混ぜても粉が飛び散らないし、発酵しても生地があふれないのでベスト。

ポリ袋
巻き込みパンの生地をもむときに使用。サイズは25×35cm。

オーブンシート
成形した生地をのせたり、天板でピッツァを焼くときに使用。

めん棒
長さ32cmのものを使用。やや小さめだが生地をのばすにはこれで充分。

ゴムべら
粉を混ぜるときに使う。シリコン製で耐熱性のあるものがおすすめ。

カード
生地を分割したり、移動させたりするときに使用。

クープナイフ
クープ（切り込み）を入れるときに使う波刃ナイフ。小ぶりで使いやすい。

霧吹き
焼く直前にオーブンの庫内に霧を吹きつけるときに使用。

板
生地をのせたオーブンシートをオーブンの中にすべらせて入れるために使う。本書では30×44cmのものを使用。

ふきん
二次発酵のときに固く絞って使う。

パン作りのポイント

「室温」で発酵する場合の温度

レシピに**「室温」**とあるのは25〜30℃を指します。夏場で30℃を超える場合は、エアコンで室温を25〜30℃にしてください。また冬場はオーブンの発酵機能を使って25〜30℃で発酵させるといいでしょう。

12時間 / 2日

一次発酵は12時間〜2日までOK

一次発酵（巻き込みパンとグリッシーニ以外）は、一晩かけて冷蔵庫の野菜室で発酵させます。**12時間たてば発酵は完了している**ので次の工程に進みます。**2日まで保存可能**。2日もたつと気泡がたくさん入ってきますが、生地の味わいや食感は大きくは変わりません。

天板はオーブンに入れて予熱

家庭用電気オーブンは上段のほうが温度が高く、下段のほうがやや低めです。予熱をするときは**天板を裏返して上段に入れてしっかり熱し、予熱が完了したら表に返して下段に戻します**。こうすることでパンの底が生焼けになるのを防ぎ、天板をいっしょに温めることで庫内全体の温度も上がります。

焼く直前に庫内に霧吹きをする

オーブンは高温なので生地がふくらむ前にパンの表面が固まってしまうと、内側の生地がふくらむのを妨げてしまいます。**霧吹きを庫内全体に3プッシュほどする**ことで水蒸気が表面の乾燥を防いで中がしっかりふくらみ、表面もパリッと焼き上がります。

Focaccia e Pizze

フォカッチャ＆ピッツァ

ここでは密閉容器を使って生地を混ぜ、冷蔵庫の野菜室で発酵させます。発酵を終えるまでに使うのは密閉容器だけでOK。フォカッチャはおもに型で焼き、ピザは型なしと天板で焼くものをご紹介します。

基本のフォカッチャ
（岩塩＆ローズマリー）

Focaccia semplice

何年も試作して完成した理想の厚焼きフォカッチャ。
"魔法のオイル水"をかけることで、
外側はカリッと、中は驚くほどふわふわに仕上がります。
魔法のオイル水はイタリア・リグーリア州の
フォカッチャで使われるもので、
現地ではサラモニア（salamoia）と呼ばれています。
シンプルなパンなのでメインの料理に添えたり、
サンド（パニーノ）にしてもいいでしょう。

材料　スクエア型1台分（下記＊参照）

A
- ドライイースト …… 小さじ1/2弱
- きび砂糖 …… ひとつまみ
- ぬるま湯(40℃) …… 大さじ1

B
- 強力粉 …… 300g
- 薄力粉 …… 100g
- きび砂糖 …… 小さじ1
- 塩 …… 小さじ1強

水 …… 330g
オリーブオイル …… 大さじ2

C オイル水
- オリーブオイル …… 大さじ2
- 水 …… 大さじ3
- 塩 …… 小さじ1/3

〈トッピング〉
岩塩 …… ひとつまみ
ローズマリー …… 適量
オリーブオイル …… 適量

＊スクエア型について
　ダイソーで購入した型を使用。
　外寸23×22×高さ5.5cmのもの。

焼く当日の下準備

・Cは小瓶（ジャムの空き瓶など）に入れてふたを閉め、ふってよく混ぜ合わせる。

・生地を焼く20分前に、オーブンの上段に天板を裏返して入れ、250℃に予熱。予熱が完了したら天板を表に返してオーブンの下段に戻す。

これが"魔法のオイル水"。ふるだけで混ぜられるので便利。

作り方

1. 密閉容器にAを入れて室温に5分おき、ゴムべらで混ぜて溶かす。

2. Bを加え、分量の水を3回に分けて加え、その都度ゴムべらで混ぜる。2回目まではざっくり混ざっていればよい。3回目は粉っぽさがなくなるまで混ぜる。
＊ダマが残っていても気にしなくていい。

3. オリーブオイルを2回に分けて加え、その都度ゴムべらでしっかり混ぜてオイルをなじませる。ふたをして室温で45分休ませる。

4. パンチ
ふたを取り、手で生地を下から引っ張り上げて中央に向かって折りたたむ。これを密閉容器を90度ずつ回しながら1周半行なう。再びふたをして室温で15分休ませる。
＊手に生地がくっつく場合は、手に水をつけながら行なう。

5. 一次発酵
密閉容器を冷蔵庫の野菜室に入れて、約2倍にふくらむまで約12時間発酵させる。
＊2日間くらいまではよい状態で保存できる。

6. 型にオリーブオイル（分量外）を刷毛でたっぷりぬる。容器の側面にカードを差し込んでひっくり返し、型に生地を入れる。

7. 二次発酵
指で型全体にのばし、ラップをして約1.5倍にふくらむまで室温で約1時間発酵させる。
発酵前の状態

Cの瓶を再びふって混ぜ、全体に回しかける。

8.

両手の指3本で、指先が底につくくらいの深い穴をまんべんなくあける。

9.

岩塩を散らし、ローズマリーの葉をちぎって穴のところどころに差し込む。

10. 焼成

オーブンの庫内全体に霧吹きをして9を天板にのせ、230℃で10分、210℃で約15分焼く。

11.

オーブンから取り出し、熱いうちに型の縁にフライ返しを差し込んで、型から取り出す。好みでオリーブオイルを回しかける。

イタリアのパン屋さんのフォカッチャ
イタリアパンは地方ごとに特色があります。フォカッチャは北（リグーリア州）は薄焼き、南（シチリア州）は厚焼きのものが多いです。

Focaccia con cipolle
オニオンチーズのフォカッチャ

玉ねぎをたっぷりのせたフォカッチャはイタリアパンの定番。焼くことで玉ねぎはとろとろにやわらかくなり、とっても甘くなります。今回はチーズをのせてより香ばしく仕上げました。
加水率が高いので、生地はとてもしっとりしています。

| 材料 | スクエア型1台分（下記＊参照） |

A
- ドライイースト …… 小さじ1/2弱
- きび砂糖 …… ひとつまみ
- ぬるま湯（40℃）…… 大さじ1

B
- 強力粉 …… 300g
- 薄力粉 …… 100g
- きび砂糖 …… 小さじ2
- 塩 …… 小さじ1

水 …… 360g
オリーブオイル …… 大さじ2

C　オイル水
- オリーブオイル …… 大さじ2
- 水 …… 大さじ3
- 塩 …… 小さじ1/3

〈トッピング〉
- 玉ねぎ（薄切り）…… 3/4個分
- ピッツァ用チーズ …… 適量
- パセリ（みじん切り）…… 適量

| 焼く当日の下準備 |

・Cは小瓶（ジャムの空き瓶など）に入れてふたを閉め、ふってよく混ぜ合わせる。

・生地を焼く20分前に、オーブンの上段に天板を裏返して入れ、250℃に予熱。予熱が完了したら天板を表に返してオーブンの下段に戻す。

＊スクエア型について
ダイソーで購入した型を使用。
外寸23×22×高さ5.5cmのもの。

| 作り方 | p.14-15も参照 |

1　密閉容器にAを入れて室温に5分おき、ゴムべらで混ぜて溶かす。

2　Bを加え、分量の水を3回に分けて加え、その都度ゴムべらで混ぜる。2回目まではざっくり混ざっていればよい。3回目は粉っぽさがなくなるまで混ぜる。
＊ダマが残っていても気にしなくていい。

3　オリーブオイルを2回に分けて加え、その都度ゴムべらでしっかり混ぜてオイルをなじませる。ふたをして室温で45分休ませる。

4　〈パンチ〉ふたを取り、手で生地を下から引っ張り上げて中央に向かって折りたたむ。これを密閉容器を90度ずつ回しながら1周半行なう。再びふたをして室温で15分休ませる。
＊手に生地がくっつく場合は、手に水をつけながら行なう。

5　〈一次発酵〉密閉容器を冷蔵庫の野菜室に入れて、約2倍にふくらむまで約12時間発酵させる。
＊2日間くらいまではよい状態で保存できる。

6　〈二次発酵〉型にオリーブオイル（分量外）を刷毛でたっぷりぬる。容器の側面にカードを差し込んで容器をひっくり返し、型に生地を入れる。指で型全体にのばし、ラップをして約1.5倍にふくらむまで室温で約1時間発酵させる。

7　Cの瓶を再びふって混ぜ、2/3量を全体に回しかける。両手の指3本で、指先が底につくくらいの深い穴をまんべんなくあける。

8　玉ねぎを全体にまんべんなくのせ{a}、残りのCをかける。

9　〈焼成〉オーブンの庫内全体に霧吹きをして8を天板にのせ、230℃で8分、210℃で約10分焼く。

10　一度取り出してピッツァ用チーズを全体に散らし、再び210℃で約10分焼く。

11　オーブンから取り出し、熱いうちに型の縁にフライ返しを差し込んで型から取り出し、パセリを散らす。

a.

Focaccia barese
トマトとオリーブのフォカッチャ

トマトとオリーブをたっぷり使った、南イタリア・プーリア州の代表的な
フォカッチャ・バレーゼ（Focaccia Barese）。トマトの甘みとオリーブの酸味が絶妙にマッチしています。
トマトの水分のおかげで、生地は驚くほどしっとり焼き上がります。

| 材料 | 直径24cmの丸型1台分 |

A
- ドライイースト……小さじ1/4
- きび砂糖……ひとつまみ
- ぬるま湯(40℃)……大さじ1

B
- 強力粉……200g
- 薄力粉……100g
- きび砂糖……小さじ1
- 塩……小さじ1/2強

- 水……240g
- オリーブオイル……大さじ1

〈トッピング〉

C
- トマト缶(ホール)……160g
- 塩……小さじ1/2
- オリーブオイル……大さじ1

- オリーブオイル……大さじ1弱
- ミニトマト……5個
- グリーンオリーブ(水煮・種なし)……10個
- ドライオレガノ……適量

| 焼く当日の下準備 |

- Cのトマトはボウルに入れて手でつぶし、塩とオリーブオイルを加えて混ぜ合わせる **{a}**。
- ミニトマトはへたを取って縦半分に切る。
- 生地を焼く20分前に、オーブンの上段に天板を裏返して入れ、250℃に予熱。予熱が完了したら天板を表に返してオーブンの下段に戻す。

| 作り方 | p.14-15も参照 |

1. 密閉容器に**A**を入れて室温に5分おき、ゴムべらで混ぜて溶かす。
2. **B**を加え、分量の水を3回に分けて加え、その都度ゴムべらで混ぜる。2回目まではざっくり混ざっていればよい。3回目は粉っぽさがなくなるまで混ぜる。
   * ダマが残っていても気にしなくていい。
3. オリーブオイル大さじ1を加えてゴムべらでしっかり混ぜてオイルをなじませる。ふたをして室温で45分休ませる。
4. 〈パンチ〉ふたを取り、手で生地を下から引っ張り上げて中央に向かって折りたたむ。これを密閉容器を90度ずつ回しながら1周半行なう。
   * 手に生地がくっつく場合は、手に水をつけながら行なう。
5. 再びふたをして室温で15分休ませる。
6. 〈一次発酵〉密閉容器を冷蔵庫の野菜室に入れて、約2倍にふくらむまで約12時間発酵させる。
   * 2日間くらいまではよい状態で保存できる。
7. 型にオリーブオイル(分量外)を刷毛でたっぷりぬる。容器の側面にカードを差し込んで容器をひっくり返し、型に生地を入れる。オリーブオイル大さじ1弱をスプーンでたらしながら全体にかけ、型全体に指で生地をのばす。両手の指3本で、指先が底につくくらいの深い穴をまんべんなくあける。
8. 〈二次発酵〉Cを全体にかけ、手でぬり広げる。ミニトマトとグリーンオリーブを押し込むようにして生地に入れ **{b}**、ドライオレガノをふる。ラップをして約1.5倍にふくらむまで室温で約1時間発酵させる。
9. 〈焼成〉オーブンの庫内全体に霧吹きをして**8**を天板にのせ、230℃で10分、210℃で約5分焼く。
10. オーブンから取り出し、熱いうちに型の縁にフライ返しを差し込んで型から取り出す。

イタリアのパン屋さんのフォカッチャ

南イタリア・プーリア州のバーリの名物、フォカッチャ・バレーゼが並ぶパン屋さん。この地方では円形で焼かれることが多いです。

a.

b.

具だくさんフォカッチャ

フォカッチーナ（Focaccina）と呼ばれる小さな型なしフォカッチャ。
ここでは楕円形にして形を楽しみました。
具材はお好みのものをのせて焼いて楽しんでください。

材料　直径13×5cm 4個分

A
- ドライイースト …… 小さじ 1/4
- きび砂糖 …… ひとつまみ
- ぬるま湯（40℃）…… 大さじ1

B
- 強力粉 …… 150g
- 薄力粉 …… 100g
- きび砂糖 …… 小さじ1
- 塩 …… 小さじ1強
- 牛乳 …… 大さじ2

水 …… 150g
オリーブオイル …… 大さじ1

〈トッピング〉
厚切りベーコン …… 60g
紫玉ねぎ …… 1/4個
ミニトマト …… 4個
じゃがいも …… 1/3個
マッシュルーム …… 4個
ピッツァ用チーズ …… 適量
パルミジャーノ …… 適量

塩 …… 少々
打ち粉（強力粉）…… 適量

焼く当日の下準備

・トッピングのベーコンは1.5cm幅の短冊切り、紫玉ねぎは薄切り、じゃがいもは皮をきれいに洗って皮つきのまま1mm厚さに8枚切る。ミニトマトはへたを取り、マッシュルームとともに縦半分に切る {a}。

・生地を焼く20分前に、オーブンの上段に天板を裏返して入れ、250℃に予熱。予熱が完了したら天板を表に返してオーブンの下段に戻す。

作り方　p.14-15も参照

1. 密閉容器に**A**を入れて室温に5分おき、ゴムべらで混ぜて溶かす。

2. **B**を加え、分量の水を3回に分けて加え、その都度ゴムべらで混ぜる。2回目まではざっくり混ざっていればよい。3回目は粉っぽさがなくなるまで混ぜる。
   ＊ダマが残っていても気にしなくていい。

3. オリーブオイルを加えて、ゴムべらでしっかり混ぜてオイルをなじませる。

4. ふたをして室温で15分休ませる。

5. 〈一次発酵〉密閉容器を冷蔵庫の野菜室に入れて、約2倍にふくらむまで約12時間発酵させる。
   ＊2日間くらいまではよい状態で保存できる。

6. 〈二次発酵〉台に茶こしでたっぷりと打ち粉をして生地を取り出してのせ、表面に軽く打ち粉をする。

7. カードで4分割し、それぞれ表面をしっかり張らせて丸め、固く絞ったぬれぶきんをかけて約1.5倍にふくらむまで室温で約1時間発酵させる。

8. それぞれとじ目を上にして手のひらで軽くつぶして直径15cmくらいの円形にし、両サイドの生地を中心に向かって折り、中心部分の生地を指でつまんでくっつける {b}。
   ＊手に生地がくっつく場合は、手に水をつけながら行なう。

9. ひっくり返してオリーブオイル少々（分量外）を表面にかけ、指3本で12か所穴をあける（3か所×4列）{c}。

10. 板にオーブンシート（40×30cm）を敷いてオリーブオイル小さじ1（分量外）を手で薄くぬり広げ {d}、9をのせる。

11. トッピングのベーコンと野菜を彩りよくのせ、オリーブオイル少々（分量外）をかけて塩、こしょう（分量外）をふり、ピッツァ用チーズをのせて、パルミジャーノをチーズおろしでおろしてかける。

12. 〈焼成〉オーブンの庫内全体に霧吹きをして、板からオーブンシートをすべらせて天板にのせ、210℃で約15分焼く。

a.
b.
c.
d.

Focaccia con wurstel

ウィンナーロールフォカッチャ

フォカッチャ生地でウィンナーを巻きました。
牛乳入りのミルキーでやわらかな生地は、子どもたちが大好きなパン。
大人用には粒マスタードを加えるのがおすすめ！

| 材料 | 18×10cm 3個分 |

A
- ドライイースト …… 小さじ1/4
- きび砂糖 …… ひとつまみ
- ぬるま湯(40℃) …… 大さじ1

B
- 強力粉 …… 150g
- 薄力粉 …… 100g
- きび砂糖 …… 小さじ2
- 塩 …… 小さじ1強
- 牛乳 …… 大さじ2

水 …… 150g
オリーブオイル …… 大さじ1 1/2

〈トッピング〉
ウィンナーソーセージ(長さ12cm) …… 3本
トマトケチャップ …… 適量
ピッツァ用チーズ …… 適量
粉チーズ …… 適量
オリーブオイル …… 適量

打ち粉(強力粉) …… 適量

| 焼く当日の下準備 |

・生地を焼く20分前に、オーブンの上段に天板を裏返して入れ、250℃に予熱。予熱が完了したら天板を表に返してオーブンの下段に戻す。

| 作り方 | p.14-15も参照 |

1 密閉容器に**A**を入れて室温に5分おき、ゴムべらで混ぜて溶かす。

2 **B**を加え、分量の水を3回に分けて加え、その都度ゴムべらで混ぜる。2回目まではざっくり混ざっていればよい。3回目は粉っぽさがなくなるまで混ぜる。
＊ダマが残っていても気にしなくていい。

3 オリーブオイルを2回に分けて加え、その都度ゴムべらでしっかり混ぜてオイルをなじませる。ふたをして室温で15分休ませる。

4 〈一次発酵〉密閉容器を冷蔵庫の野菜室に入れて、約2倍にふくらむまで約12時間発酵させる。
＊2日間くらいまではよい状態で保存できる。

5 台に茶こしでたっぷりと打ち粉をして生地を取り出してのせ、表面に軽く打ち粉をする。

6 〈二次発酵〉カードで3分割し、それぞれ表面をしっかり張らせて丸め、固く絞ったぬれぶきんをかけて約1.5倍にふくらむまで室温で約1時間発酵させる。

7 〈成形〉カードで生地を一度よけ、台に茶こしでたっぷりと打ち粉をして生地を戻す。それぞれ指で15×12cmの楕円形にのばし、ウィンナーソーセージを生地の中央にのせ、トマトケチャップをウィンナーソーセージの上にジグザグにかける。

8 ピッツァ用チーズをのせ、両サイドから生地を引っ張ってウィンナーソーセージを包み**{a}**、軽くつまんで生地をとじる**{b}**。

9 板にオーブンシートを敷いて**8**をのせ、表面に粉チーズをふり、オリーブオイルをかける。

10 〈焼成〉オーブンの庫内全体に霧吹きをして、板からオーブンシートをすべらせて天板にのせ**{c}**、220℃で11分、200℃で約7分焼く。

a.

b.

c.

基本のピッツァ（ポテト＆ローズマリー）

Pinsa con patate

ピンサ（Pinsa）と呼ばれるローマの薄いピッツァ。
薄くて長い形が特徴で、イタリアでここ数年流行しているピッツァです。
薄い生地なので口当たりは軽く、
とっても食べやすいのが魅力。
薄切りにしたじゃがいもをのせると、
まるでポテトチップスのようにパリパリに仕上がり、
やみつきになること間違いなし！

材料 25×10cm 4枚分

A
- ドライイースト …… 小さじ 1/4
- きび砂糖 …… ひとつまみ
- ぬるま湯（40℃）…… 大さじ1

B
- 強力粉 …… 200g
- 薄力粉 …… 100g
- きび砂糖 …… 小さじ1
- 塩 …… 小さじ1

水 …… 215g
オリーブオイル …… 大さじ1

〈トッピング〉
じゃがいも …… 1〜2個（約100g）
塩、こしょう …… 各適量
ローズマリー …… 適量
オリーブオイル …… 大さじ1

打ち粉（強力粉）…… 適量

焼く当日の下準備

- じゃがいもはよく洗って皮つきのままスライサーで薄切りにし、キッチンペーパーで水気をしっかりふき取る。
- 生地を焼く20分前に、オーブンの上段に天板を裏返して入れ、最高温度に予熱。予熱が完了したら天板を表に返してオーブンの下段に戻す。

イタリアのスーパーに並ぶピッツァ
スーパーのパンコーナーではいろんなサイズのピッツァやフォカッチャが並び、希望の個数を伝えてグラム単位で購入します。

> 作り方

1.

密閉容器にAを入れて室温に5分おき、ゴムべらで混ぜて溶かす。

2.

Bを加え、分量の水を3回に分けて加え、その都度ゴムべらで混ぜる。2回目まではざっくり混ざっていればよい。3回目は粉っぽさがなくなるまで混ぜる。
＊ダマが残っていても気にしなくていい。

3.

オリーブオイルを加え、ゴムべらでしっかり混ぜてオイルをなじませる。ふたをして室温で45分休ませる。

4. パンチ

ふたを取り、手で生地を下から引っ張り上げて中央に向かって折りたたむ。これを密閉容器を90度ずつ回しながら1周半行なう。ふたをして室温で15分休ませる。
＊手に生地がくっつく場合は、手に水をつけながら行なう。

5. 一次発酵

密閉容器を冷蔵庫の野菜室に入れて、約2倍にふくらむまで約12時間発酵させる。
＊2日間くらいまではよい状態で保存できる。

6.

台に茶こしでたっぷりと打ち粉をして容器の側面にカードを差し込み、容器をひっくり返して生地を取り出してのせる。ざっくりと正方形に手でのばす。

7.

表面に軽く打ち粉をして、カードで4分割する。

8.

それぞれ丸めて表面を張らせ、とじ目を下にして置く。

9. 二次発酵

固く絞ったぬれぶきんをかけて、約1.5倍にふくらむまで室温で約1時間発酵させる。

10.

カードで生地を一度よけ、台に茶こしでたっぷりと打ち粉をして生地を戻す。それぞれ指で生地を押し広げて直径10cmくらいの円形に平らにのばす。

11.

生地を上下に手で引っ張って20×10cmの楕円形にのばす。

12.

板にオーブンシートを敷いてオリーブオイル小さじ1（分量外）を手で薄くぬり広げて**11**をのせる。じゃがいも、ローズマリーを順にのせ、塩、こしょうをふってオリーブオイルを回しかける。

13. 焼成

オーブンの庫内全体に霧吹きをして、板からオーブンシートをすべらせて天板にのせ、下段に入れて300℃で13分、上段に入れ替えてさらに約2分焼く。

＊300℃にならないオーブンの場合は最高温度で焼く。

Pinsa con pomodori arrosto e burrata

トマトとブッラータのサラダピッツァ

基本のピッツァ生地を使って作る、サラダ風ピッツァ。
イタリアでも生野菜や生ハムをのせるピッツァはここ最近たくさん見られます。
今回はにんにくの香りが効いたローストトマトと生ハム、濃厚なブッラータをのせました。

| 材料 | 25×10cm 2枚分 |

A
- ドライイースト …… 小さじ 1/4
- きび砂糖 …… ひとつまみ
- ぬるま湯(40℃) …… 大さじ1

B
- 強力粉 …… 100g
- 薄力粉 …… 50g
- きび砂糖 …… 小さじ 1/2
- 塩 …… 小さじ 1/2

水 …… 100g
オリーブオイル …… 大さじ 1/2

〈ローストトマト〉
ミニトマト …… 8個

C
- 塩 …… ひとつまみ
- おろしにんにく …… 小さじ 1/3
- パセリ(みじん切り) …… 少々
- オリーブオイル …… 大さじ1

〈トッピング〉
ブッラータチーズ {a} …… 2個(140g)
＊イタリア原産のフレッシュチーズ。モッツァレラチーズと同様の製法で作るチーズ。

生ハム …… 6枚
パセリ(みじん切り) …… 適量
オリーブオイル …… 大さじ1

打ち粉(強力粉) …… 適量

| 焼く当日の下準備 |

・〈ローストトマト〉を作る。ミニトマトはへたを取って縦半分に切り、オーブンシートに並べる。混ぜ合わせたCをかけ {b}、180℃のオーブンで15分焼く。

・生地を焼く20分前に、オーブンの上段に天板を裏返して入れ、最高温度に予熱。予熱が完了したら天板を表に返してオーブンの下段に戻す。

| 作り方 | p.26-27も参照 |

1 密閉容器にAを入れて室温に5分おき、ゴムべらで混ぜて溶かす。

2 Bを加え、分量の水を3回に分けて加え、その都度ゴムべらで混ぜる。2回目まではざっくり混ざっていればよい。3回目は粉っぽさがなくなるまで混ぜる。
＊ダマが残っていても気にしなくていい。

3 オリーブオイルを加え、ゴムべらでしっかり混ぜてオイルをなじませる。ふたをして室温で45分休ませる。

4 〈パンチ〉ふたを取り、手で生地を下から引っ張り上げて中央に向かって折りたたむ。これを密閉容器を90度ずつ回しながら1周半行なう。
＊手に生地がくっつく場合は、手に水をつけながら行なう。

5 再びふたをして室温で15分休ませる。

6 〈一次発酵〉密閉容器を冷蔵庫の野菜室に入れて、約2倍にふくらむまで約12時間発酵させる。
＊2日間くらいまではよい状態で保存できる。

7 〈二次発酵〉台に茶こしでたっぷりと打ち粉をして生地を取り出してのせ、カードで2分割してそれぞれ丸める。固く絞ったぬれぶきんをかけて、約1.5倍にふくらむまで室温で約1時間発酵させる。

8 カードで生地を一度よけ、台に茶こしでたっぷりと打ち粉をして生地を戻す。それぞれ指で生地を押し広げて直径10cmくらいの円形に平らにのばす。

9 生地の上下を手で引っ張って20×10cmの楕円形にのばす。

10 板にオーブンシートを敷いてオリーブオイル大さじ1(分量外)を手でぬり広げて9をのせる。

11 〈焼成〉オーブンの庫内全体に霧吹きをして、板からオーブンシートをすべらせて天板にのせ、下段に入れて300℃で13分、上段に入れ替えてさらに約2分焼く。
＊300℃にならないオーブンの場合は最高温度で焼く。

12 粗熱が取れたら、ちぎったブッラータチーズを散らして生ハムとローストトマトをのせ、パセリを散らし、オリーブオイルを回しかける。

a.

b.

Pizzetta margherita

ミニピッツァ（マルゲリータ）

牛乳入りの甘めな生地で作るミニピッツァ。
定番のマルゲリータはトマトソース、モッツァレラ、バジルが好相性で、
飽きのこない味わいです。

| 材料 | 直径13cm 4枚分 |

A
- ドライイースト …… 小さじ1/4
- きび砂糖 …… ひとつまみ
- ぬるま湯(40℃) …… 大さじ1

B
- 強力粉 …… 150g
- 薄力粉 …… 100g
- きび砂糖 …… 小さじ1
- 塩 …… 小さじ1強
- 牛乳 …… 大さじ2

水 …… 150g
オリーブオイル …… 大さじ1

〈トマトソース〉
あらごしトマト(紙パック) …… 100g
＊ないときはトマト缶(ダイスカット)でもよい。
塩 …… 小さじ1/3
オリーブオイル …… 大さじ1

〈トッピング〉
モッツァレラチーズ(1cm角に切る) …… 1個(100g)
バジルの葉 …… 適量

打ち粉(強力粉) …… 適量

| 焼く当日の下準備 |

・〈トマトソース〉の材料はよく混ぜ合わせる。
・生地を焼く20分前に、オーブンの上段に天板を裏返して入れ、最高温度に予熱。予熱が完了したら天板を表に返してオーブンの下段に戻す。

| 作り方 | p.26-27も参照 |

1. 密閉容器にAを入れて室温に5分おき、ゴムべらで混ぜて溶かす。
2. Bを加え、分量の水を3回に分けて加え、その都度ゴムべらで混ぜる。2回目まではざっくり混ざっていればよい。3回目は粉っぽさがなくなるまで混ぜる。
   ＊ダマが残っていても気にしなくていい。
3. オリーブオイルを加え、ゴムべらでしっかり混ぜてオイルをなじませる。
4. ふたをして室温で15分休ませる。
5. 〈一次発酵〉密閉容器を冷蔵庫の野菜室に入れて、約2倍にふくらむまで約12時間発酵させる。
   ＊2日間くらいまではよい状態で保存できる。
6. 〈二次発酵〉台に茶こしでたっぷりと打ち粉をして生地を取り出してのせ、カードで4分割してそれぞれ丸める。固く絞ったぬれぶきんをかけて、約1.5倍にふくらむまで室温で約1時間発酵させる。
7. カードで生地を一度よけ、台に茶こしでたっぷりと打ち粉をして生地を戻す。指で直径13cm×厚さ3〜4mmにそれぞれのばす。
8. 板にオーブンシートを敷いてオリーブオイル小さじ1(分量外)を手でぬり広げる。7をのせ、トマトソースをスプーンでぬる{a}。
9. 〈焼成〉オーブンの庫内全体に霧吹きをして、板からオーブンシートをすべらせて天板にのせ、250℃で10分焼く。一度取り出してモッツァレラチーズを散らし{b}、再び250℃で約5分焼く。
10. 取り出してバジルの葉を飾る。

ナポリピッツァの王様 マルゲリータ

初めてのピッツェリアに行ったときは、これを頼んで生地のおいしさを確かめます。

a.

b.

Panzerotti al forno
包み焼きピッツァ

パンツェロッティと呼ばれる小ぶりなサイズの揚げピッツァ。
イタリアではBAR（バール）などにも売っている人気のストリートフードです。
本来はたっぷりの油で揚げますが、オーブンでもヘルシーに作れます。
表面にオリーブオイルをぬることで、まるで揚げたかのような仕上がりに！
とろとろのモッツァレラとトマト、ハム、オレガノは最高の組み合わせです。

材料　直径13cm 4枚分

A
- ドライイースト……小さじ 1/4
- きび砂糖……ひとつまみ
- ぬるま湯(40℃)……大さじ1

B
- 強力粉……150g
- 薄力粉……50g
- きび砂糖……小さじ1
- 塩……小さじ 1/2

水……160g
オリーブオイル……大さじ1

〈フィリング〉
ももハム切り落とし(もしくはロースハム)
　……30g
モッツァレラチーズ……1個(100g)
トマト……大 1/2 個
塩、こしょう……各少々
ドライオレガノ……適量

オリーブオイル(仕上げ用)……大さじ 1/2

打ち粉(強力粉)……適量

焼く当日の下準備

・ ハムとモッツァレラチーズは5mm角に切る。トマトは種を除いて(水っぽくならないようにするため)5mm角に切る。

・ 生地を焼く20分前に、オーブンの上段に天板を裏返して入れ、最高温度に予熱。予熱が完了したら天板を表に返してオーブンの下段に戻す。

作り方　p.26-27も参照

1. 密閉容器に**A**を入れて室温に5分おき、ゴムべらで混ぜて溶かす。

2. **B**を加え、分量の水を3回に分けて加え、その都度ゴムべらで混ぜる。2回目まではざっくり混ざっていればよい。3回目は粉っぽさがなくなるまで混ぜる。
   ＊ダマが残っていても気にしなくていい。

3. オリーブオイルを加え、ゴムべらでしっかり混ぜてオイルをなじませる。

4. ふたをして室温で45分休ませる。

5. 〈パンチ〉ふたを取り、手で生地を下から引っ張り上げて中央に向かって折りたたむ。これを密閉容器を90度ずつ回しながら1周半行なう。
   ＊手に生地がくっつく場合は、手に水をつけながら行なう。

6. 再びふたをして室温で15分休ませる。

7. 〈一次発酵〉密閉容器を冷蔵庫の野菜室に入れて、約2倍にふくらむまで約12時間発酵させる。
   ＊2日間くらいまではよい状態で保存できる。

8. 〈二次発酵〉台に茶こしでたっぷりと打ち粉をして生地を取り出してのせ、表面に軽く打ち粉をする。

9. カードで4分割し、それぞれ表面をしっかり張らせて丸め、固く絞ったぬれぶきんをかけて、約1.5倍にふくらむまで室温で約40分発酵させる。

10. 〈成形〉カードで一度生地をよけ、台に茶こしでたっぷりと打ち粉をして生地を裏返してのせ、指で平らにする。やさしく引っ張りながら直径約12cmの円形にのばす。
    ＊生地が手にくっつきやすいので、手にも打ち粉をして作業をする。

11. 生地の半分にオリーブオイル小さじ 1/2 (分量外)をかけ、ハム、モッツァレラチーズ、トマトの各 1/4 量を順にのせ、塩、こしょう、オレガノをふる。生地を半分に折り **{a}**、重なった部分の端を指で押してとじ目をしっかりとじる **{b}**。残りの生地も同様に行なう。

12. 板にオーブンシートを敷いてオリーブオイル小さじ1(分量外)を手でぬり広げ、11をのせて仕上げ用のオリーブオイルを刷毛でぬる。

13. 〈焼成〉オーブンの庫内全体に霧吹きをして、板からオーブンシートをすべらせて天板にのせ、230℃で約15分焼く。

a. 　　b.

Pizza ai quattro formaggi

クワットロ・フォルマッジの
ハニーペッパーピッツァ（4種のチーズ）

イタリアの家庭で作るピッツァといえば、この「天板ピッツァ」。
天板いっぱいに焼いたピッツァを家族で囲んで食べるのがイタリア流です。
4種のチーズにはちみつをかけてさらに濃厚な仕上がりに。黒こしょうが全体のいいアクセントになります。

| 材料 | 37×25cmの天板1台分 |

A
- ドライイースト …… 小さじ1/2
- きび砂糖 …… ひとつまみ
- ぬるま湯(40℃) …… 大さじ1

B
- 強力粉 …… 300g
- 薄力粉 …… 100g
- きび砂糖 …… 小さじ1
- 塩 …… 小さじ2

水 …… 325g
オリーブオイル …… 大さじ2

〈トッピング〉
リコッタチーズ …… 200g
＊ないときは裏ごしタイプのカッテージチーズでもよい。
モッツァレラチーズ(1cm角に切る) …… 1個(100g)
ゴルゴンゾーラチーズ …… 50g
カマンベールチーズ …… 50g
＊写真左下から時計回りに、カマンベールチーズ、リコッタチーズ、モッツァレラチーズ、ゴルゴンゾーラチーズ{a}。
はちみつ …… 小さじ2
黒こしょう …… 適量

打ち粉(強力粉) …… 適量

| 焼く当日の下準備 |

・オーブンシートは天板のサイズよりやや大きめ(44×30cm)にカットし、四隅をねじって、全体に約3cmの立ち上がりを作り、天板にぴったり入るようにする{b}。
・生地を焼く20分前に、オーブンに天板を裏返して上段に入れ、最高温度に予熱する。

| 作り方 | p.26-27も参照 |

1 密閉容器に**A**を入れて室温に5分おき、ゴムべらで混ぜて溶かす。

2 **B**を加え、分量の水を3回に分けて加え、その都度ゴムべらで混ぜる。2回目まではざっくり混ざっていればよい。3回目は粉っぽさがなくなるまで混ぜる。
＊ダマが残っていても気にしなくていい。

3 オリーブオイルを加えてゴムべらでしっかり混ぜてオイルをなじませる。ふたをして室温で40分休ませる。

4 〈パンチ〉ふたを取り、手で生地を下から引っ張り上げて中央に向かって折りたたむ。これを密閉容器を90度ずつ回しながら1周半行なう。再びふたをして室温で30分休ませる。
＊手に生地がくっつく場合は、手に水をつけながら行なう。

5 ふたを取り、4と同様に手で生地を下から引っ張り上げて中央に向かって折りたたむ。これを密閉容器を90度ずつ回しながら1周半行なう。再びふたをして室温で15分休ませる。

6 〈一次発酵〉密閉容器を冷蔵庫の野菜室に入れて、約2倍にふくらむまで約12時間発酵させる。
＊2日間くらいまではよい状態で保存できる。

7 台に茶こしでたっぷりと打ち粉をして生地を取り出してのせ、指で生地を押し広げながら20×30cmにのばす。

8 〈二次発酵〉板に準備したオーブンシートをのせ、オリーブオイル大さじ1(分量外)を手でぬり広げ、生地をのせる。オリーブオイル大さじ2(分量外)をかけ、指でオーブンシート全体に生地を広げる。ふんわりとラップをして、約1.5倍にふくらむまで室温で約1時間発酵させる。

9 〈焼成〉予熱したオーブンを再び最高温度で5分予熱する。オーブンの庫内全体に霧吹きをして、天板を表に返して下段に移し、板からオーブンシートをすべらせて天板にのせ、最高温度で10分焼く。

10 取り出してリコッタチーズをスプーンで全体にぬり広げ、モッツァレラ、ちぎったゴルゴンゾーラとカマンベールを全体に散らす。

11 再びオーブンに入れて250℃で10分、上段に移して約5分焼く。取り出してはちみつをかけ、黒こしょうをふる。

a.

b.

＊天板ピザは1/2サイズでも作れる。材料はすべて半量にし、作り方は同じ。ただし、材料の水を160g、作り方11で天板を上段に移したあとの焼き時間を2〜3分にする。

Pizza con wurstel e funghi / parmigiana di melanzane

ソーセージときのこ＆なすの
パルミッジャーナのハーフ＆ハーフピッツァ

トマトソースをベースに2種類の具材をのせ、天板1枚で2種類の味が楽しめるピッツァ。
1つはマッシュルームとソーセージを使った子どもも大好きな組み合わせ。
もう1つはなすをたっぷり使ったパルミッジャーナ風。ソテーしたなすのコクとトマトの酸味は相性抜群です。

| 材料 | 37×25cmの天板1台分 |

A
- ドライイースト …… 小さじ1/2
- きび砂糖 …… ひとつまみ
- ぬるま湯（40℃）…… 大さじ1

B
- 強力粉 …… 300g
- 薄力粉 …… 100g
- きび砂糖 …… 小さじ1
- 塩 …… 小さじ2

水 …… 325g
オリーブオイル …… 大さじ2

〈トマトソース〉
- トマト缶（ホール）…… 200g
- オリーブオイル …… 大さじ1
- 塩 …… 小さじ1/2

〈きのこのトッピング〉
- ウィンナーソーセージ …… 3本
- マッシュルーム …… 4個
- パセリ（みじん切り）…… 適量
- モッツァレラチーズ（1cm角に切る）…… 1個（100g）

〈なすのトッピング〉
- なす …… 2本
- オリーブオイル …… 大さじ1
- 塩 …… 少々
- バジルの葉 …… 5〜6枚
- パルミジャーノ …… 適量
- モッツァレラチーズ（1cm角に切る）…… 1個（100g）

打ち粉（強力粉）…… 適量

| 作り方 | p.26-27も参照 |

1. 密閉容器に**A**を入れて室温に5分おき、ゴムべらで混ぜて溶かす。
2. **B**を加え、分量の水を3回に分けて加え、その都度ゴムべらで混ぜる。2回目まではざっくり混ざっていればよい。3回目は粉っぽさがなくなるまで混ぜる。
   ＊ダマが残っていても気にしなくていい。
3. オリーブオイルを加えてゴムべらでしっかり混ぜてオイルをなじませる。ふたをして室温で40分休ませる。
4. 〈パンチ〉ふたを取り、手で生地を下から引っ張り上げて中央に向かって折りたたむ。これを密閉容器を90度ずつ回しながら1周半行なう。再びふたをして室温で30分休ませる。
   ＊手に生地がくっつく場合は、手に水をつけながら行なう。
5. ふたを取り、4と同様に手で生地を下から引っ張り上げて中央に向かって折りたたむ。これを密閉容器を90度ずつ回しながら1周半行なう。再びふたをして室温で15分休ませる。
6. 〈一次発酵〉密閉容器を冷蔵庫の野菜室に入れて、約2倍にふくらむまで約12時間発酵させる。
   ＊2日間くらいまではよい状態で保存できる。
7. 台に茶こしでたっぷりと打ち粉をして生地を取り出してのせ、指で生地を押し広げながら20×30cmにのばす。
8. 〈二次発酵〉板に準備したオーブンシートをのせ、オリーブオイル大さじ1（分量外）を手でぬり広げて生地をのせる。オリーブオイル大さじ2（分量外）をかけ、指でオーブンシート全体に生地を広げる。ふんわりとラップをして、約1.5倍にふくらむまで室温で約1時間発酵させる。
9. 生地全体にトマトソースをスプーンでぬり、半分にウィンナーソーセージとマッシュルーム、残り半分になすを並べ**{a}**、パルミジャーノをチーズおろしでおろしてかける。
10. 〈焼成〉予熱したオーブンを再び最高温度で5分予熱する。オーブンの庫内全体に霧吹きをして、天板を表に返して下段に移し、板からオーブンシートをすべらせて天板にのせ、最高温度で10分焼く。
11. 取り出してモッツァレラを全体にのせ、再びオーブンに入れて250℃で10分、天板を上段に移してさらに約5分焼く。取り出してウィンナーピッツァにはパセリ、なすピッツァにはバジルの葉を飾る。

| 焼く当日の下準備 |

- 〈トマトソース〉を作る。トマトは手でつぶし、材料をすべて混ぜ合わせる。
- 〈きのこのトッピング〉のマッシュルームは縦に薄切りにする。ウィンナーソーセージは5mm厚さの輪切りにする。
- 〈なすのトッピング〉のなすは縦に薄切りにし、オリーブオイルを熱したフライパンでしんなりするまで3分ほど両面を焼き、塩をふって取り出す。
- オーブンシートは天板のサイズよりやや大きめ（44×30cm）にカットし、四隅をねじって全体に約3cmの立ち上がりを作って、天板にぴったり入るようにする（p.35写真**{b}**参照）。
- 生地を焼く20分前に、オーブンの上段に天板を裏返して入れ、最高温度に予熱する。

a.

＊天板ピザは1/2サイズでも作れる。材料はすべて半量にし、作り方は同じ。ただし、材料の水を160g、作り方11で天板を上段に移したあとの焼き時間を2〜3分にする。

イタリアのピッツァの種類

Rubrica

イタリア人はピッツァが大好き！ですが、ピッツァとひと言でいっても、実は地域によっていろいろな種類があります。

まず有名なナポリのピッツァ。縁の部分が中心に比べて高くなっていて（コルニチョーネと呼ばれる）、中心は薄く、生地はやわらかいのが特徴です。ユネスコにも登録されたイタリアを代表するピッツァです。

次はローマのピッツァ。薄いピッツァでナポリピッツァのような高さがなく、全体的に薄くパリッとしていて軽い口当たりです。形だけではなく、両者には焼き方にも違いがあります。ナポリのピッツァは高温で短時間で焼き上げますが、ローマのピッツァは低めの温度でやや長く焼きます。

最後にミラノのピッツァ。外はカリカリで、中はふわふわのスライスピッツァ（Pizza al trancio）です。スライスピッツァはミラノ以外の都市でも見られるストリートフード。イタリア人はちょっとした軽食やランチに、さくっと食べます（いすに座らないことも多々あり）。安いしボリュームもあるので、ボローニャ大学在学中には、私もしょっちゅうこの切り売りピッツァのお世話になりました。

ちなみに、イタリアの家庭でマンマが「今日はピッツァを作るわよ！」というと、出てくるのは丸いピッツァではなく、大きな天板で焼いたピッツァです。あくまでも、丸いピッツァは「ピッツェリア」で食べるもので、ピッツァイオーロと呼ばれるピッツァ職人が作るもの、という位置づけです。日本でいう、ちらし寿司は家庭で作るけれど握りずしは作らない、という感覚に近いでしょう。

イタリア人はマンマが焼いたピッツァが大好き！ 大きい天板で焼いたマンマの手作りピッツァを切り分けて、あーでもない、こーでもない、と家族みんなで長〜いおしゃべりをしながら食べる。これがイタリア流の食べ方なんですよ。

Ciabatta e Pagnotta

チャバッタ&カンパーニュ

チャバッタはスリッパ形が定番ですが、三角や四角に分割して形を変えたものもご紹介します。カンパーニュはクープの焼き上がりが魅力のハードパン。ドーム型に仕上げたものから巻いたもの、ねじったものをご紹介します。

基本のチャバッタ

Ciabatta semplice

イタリア語で「スリッパ」を意味するチャバッタ。
縦長の形が名前の由来です。
イタリアのチャバッタは、気取らないいびつな形が主流。
シンプルな風味なのでパニーニにぴったりです。

| 材料 | 25×10cm 2個分 |

A
- ドライイースト …… 小さじ 1/4
- きび砂糖 …… ひとつまみ
- ぬるま湯（40℃）…… 大さじ1

B
- 強力粉 …… 250g
- きび砂糖 …… 小さじ1
- 塩 …… 小さじ1 1/3

水 …… 200g
オリーブオイル …… 大さじ1

打ち粉（強力粉）…… 適量
強力粉 …… 適量

| 焼く当日の下準備 |

・生地を焼く20分前に、オーブンに天板を裏返して入れ、250℃に予熱。予熱が完了したら天板を表に返してオーブンに戻す。

**パニーニで使う
定番のチャバッタ**
チャバッタはシンプルなパンなのでパニーニによく使われます。これはBar（バール）にあったもの。チーズやハムをはさんでボリュームがあります。

| 作り方 |

1. 密閉容器に**A**を入れて室温に5分おき、ゴムべらで混ぜて溶かす。

2. **B**を加え、分量の水を3回に分けて加え、その都度ゴムべらで混ぜる。2回目まではざっくり混ざっていればよい。3回目は粉っぽさがなくなるまで混ぜる。
＊ダマが残っていても気にしなくていい。

3. オリーブオイルを加えてゴムべらでしっかり混ぜてオイルをなじませる。

4. 〔パンチ〕 「ふたをして室温で30分休ませる→手で生地を下から引っ張り上げて中央に向かって折りたたむ。これを密閉容器を90度ずつ回転させながら1周半行なう」を3回行なう。
＊手に生地がくっつく場合は、手に水をつけながら行なう。

5. 再びふたをして室温で15分休ませる。

6. 〔一次発酵〕 密閉容器を冷蔵庫の野菜室に入れ、約2倍にふくらむまで約12時間発酵させる。
＊2日間くらいまではよい状態で保存できる。

7. 台に茶こしでたっぷりと打ち粉をして、容器の側面にカードを差し込んで容器をひっくり返し、自然に生地を落とす。

8. 〔分割〕 表面に軽く打ち粉をしてカードで2分割し、それぞれ25×8cmくらいのスリッパ形にのばす。

9. 二次発酵

板にオーブンシートを敷いて軽く打ち粉をして**8**をのせる。固く絞ったぬれぶきんをかけて室温で約**1**時間、ひとまわり大きくなるまで発酵させる。

10.

ぬれぶきんをはずして強力粉を茶こしで軽くふる。

11. 焼成

オーブンの庫内全体に霧吹きをして、板からオーブンシートをすべらせて天板にのせ、**240**℃で約**15**分焼く。

Ciabattina con mais

コーンバターのミニチャバッタ

コーンをたっぷり入れたミニチャバッタ。
三角の形にして見た目をかわいらしく仕上げました。
最後にバターをはさんで焼くので、香り高くリッチな味わいを楽しめます。

材料　8cmの三角形6個分

A
- ドライイースト……小さじ1/4
- きび砂糖……ひとつまみ
- ぬるま湯(40℃)……大さじ1

B
- 強力粉……200g
- きび砂糖……小さじ1
- 塩……小さじ1

- 水……160g
- オリーブオイル……大さじ1/2

〈フィリング〉
- ホールコーン(パウチ)……50g

- バター(食塩不使用)……30g
- 打ち粉(強力粉)……適量
- 強力粉……適量

焼く当日の下準備

・バターは6等分に切り分けて冷蔵庫に入れておく。
・生地を焼く20分前に、オーブンに天板を裏返して入れ、250℃に予熱。予熱が完了したら天板を表に返してオーブンに戻す。

作り方　p.42-43も参照

1. 密閉容器に**A**を入れて室温に5分おき、ゴムべらで混ぜて溶かす。
2. **B**を加え、分量の水を3回に分けて加え、その都度ゴムべらで混ぜる。2回目まではざっくり混ざっていればよい。3回目は粉っぽさがなくなるまで混ぜる。
   ＊ダマが残っていても気にしなくていい。
3. オリーブオイルを加えてしっかり混ぜ、コーンを加えて全体を混ぜる。
4. 〈パンチ〉「ふたをして室温で30分休ませる→手で生地を下から引っ張り上げて中央に向かって折りたたむ。これを密閉容器を90度ずつ回転させながら1周半行なう」を3回行なう。
   ＊手に生地がくっつく場合は、手に水をつけながら行なう。
5. 再びふたをして室温で15分休ませる。
6. 〈一次発酵〉密閉容器を冷蔵庫の野菜室に入れ、約2倍にふくらむまで約12時間発酵させる。
   ＊2日間くらいまではよい状態で保存できる。
7. 台に茶こしでたっぷりと打ち粉をして密閉容器の側面にカードを差し込んで生地を取り出してのせ、表面に軽く打ち粉をする。
8. 気泡をつぶさないようにやさしく手で生地を引っ張りながら約20×30cmにのばす。長辺を縦にし、上下を折って三つ折りにする。
9. 生地の両端を手で持って引っ張り、約24cmにのばす。カードで8cm幅に交互に斜めに切り、三角形に6分割する {a}。
10. 〈二次発酵〉オーブンシートを敷いた板にのせ、固く絞ったぬれぶきんをかけて室温で約1時間、ひとまわり大きくなるまで発酵させる。
11. ぬれぶきんをはずして強力粉を茶こしで軽くふる。それぞれ縦に深さ4mmくらいのクープを1本入れ、切り込み部分にバターをはさむ {b}。
12. 〈焼成〉オーブンの庫内全体に霧吹きをして、板からオーブンシートをすべらせて天板にのせ、230℃で約15分焼く。

a.

b.

Ciabattine con patate
じゃがいものもちもちチャバッタ

マッシュしたじゃがいも入りのチャバッタ。
ほんのり甘くてもちもちの食感はクセになること間違いなし。
じゃがいものおかげで翌日も生地はしっとりしています。

材料　6×10cm 6個分

A
- ドライイースト……小さじ 1/4
- きび砂糖……ひとつまみ
- ぬるま湯(40℃)……大さじ1

B
- 強力粉……200g
- 塩……小さじ1

じゃがいも……1個(140g)
水……180g
オリーブオイル……大さじ 1/2

打ち粉(強力粉)……適量
強力粉……適量

下準備

・じゃがいもは洗ってラップに包んで耐熱皿にのせ、電子レンジで6分ほど加熱する。粗熱が取れたら皮をむき、マッシャー(またはフォーク)でつぶす。

焼く当日の下準備

・生地を焼く20分前に、オーブンに天板を裏返して入れ、最高温度に予熱。予熱が完了したら天板を表に返してオーブンに戻す。

作り方　p.42-43も参照

1. 密閉容器に**A**を入れて室温に5分おき、ゴムべらで混ぜて溶かす。

2. **B**とつぶしたじゃがいもを加え、分量の水を3回に分けて加え、その都度ゴムべらで混ぜる{a}。2回目まではざっくり混ざっていればよい。3回目は粉っぽさがなくなるまで混ぜる。
   ＊ダマが残っていても気にしなくていい。

3. オリーブオイルを加えてゴムべらでしっかり混ぜてオイルをなじませる。

4. 〈パンチ〉「ふたをして室温で30分休ませる→手で生地を下から引っ張り上げて中央に向かって折りたたむ。これを密閉容器を90度ずつ回転させながら1周半行なう」を3回行なう。
   ＊手に生地がくっつく場合は、手に水をつけながら行なう。

5. 再びふたをして室温で15分休ませる。

6. 〈一次発酵〉密閉容器を冷蔵庫の野菜室に入れ、約2倍にふくらむまで約12時間発酵させる。
   ＊2日間くらいまではよい状態で保存できる。

7. 台に茶こしでたっぷりと打ち粉をして密閉容器の側面にカードを差し込んで生地を取り出してのせ、表面に軽く打ち粉をする。

8. 気泡をつぶさないようにやさしく手で生地を引っ張りながら約25×30cmにのばす。長辺を縦にし、上下を折って三つ折りにする。生地の両端を持って引っ張りながら約30cm長さにのばす。

9. カードで5cm幅に6分割する{b}。

10. 〈二次発酵〉オーブンシートを敷いた板にのせて固く絞ったぬれぶきんをかけて室温で約1時間、ひとまわり大きくなるまで発酵させる。

11. 〈焼成〉ぬれぶきんをはずして強力粉を茶こしで軽くふる。オーブンの庫内全体に霧吹きをして、板からオーブンシートをすべらせて天板にのせ、240℃で7分、200℃で約9分焼く。

a.

b.

Ciabatta con rosmarino, olive e limone

ローズマリーとオリーブのレモンチャバッタ

ローズマリー×オリーブは強めの風味ですが、
レモンを加えることでさわやかに仕上げました。
生地にもレモンの皮と果汁を加えているのでとても食べやすいチャバッタです。

材料　12×8cm 3個分

A
- ドライイースト……小さじ1/4
- きび砂糖……ひとつまみ
- ぬるま湯(40℃)……大さじ1

B
- 強力粉……250g
- きび砂糖……小さじ1
- 塩……小さじ1

水……200g
オリーブオイル……大さじ1/2

〈フィリング〉
ローズマリー……2枝
グリーンオリーブ(種なし)……20g
レモンの皮のすりおろし(国産)……1/8個分
レモン果汁……1/8個分

打ち粉(強力粉)……適量
強力粉……適量

焼く当日の下準備

・ローズマリーは枝から葉を手でしごいてはずし、みじん切りにする {a}。
・オリーブは1cm弱くらいの大きさに切る。
・生地を焼く20分前に、オーブンに天板を裏返して入れ、250℃に予熱。予熱が完了したら天板を表に返してオーブンに戻す。

作り方　p.42-43も参照

1. 密閉容器に**A**を入れて室温に5分おき、ゴムべらで混ぜて溶かす。
2. **B**を加え、分量の水を3回に分けて加え、その都度ゴムべらで混ぜる。2回目まではざっくり混ざっていればよい。3回目は粉っぽさがなくなるまで混ぜる。
   ＊ダマが残っていても気にしなくていい。
3. オリーブオイルを加えてゴムべらでしっかり混ぜてオイルをなじませる。ローズマリー、オリーブ、レモンの皮、レモン果汁を加えて全体に混ぜる {b}。
4. 〈パンチ〉「ふたをして室温で30分休ませる→手で生地を下から引っ張り上げて中央に向かって折りたたむ。これを密閉容器を90度ずつ回転させながら1周半行なう」を3回行なう。
   ＊手に生地がくっつく場合は、手に水をつけながら行なう。
5. 再びふたをして室温で15分休ませる。
6. 〈一次発酵〉密閉容器を冷蔵庫の野菜室に入れ、約2倍にふくらむまで約12時間発酵させる。
   ＊2日間くらいまではよい状態で保存できる。
7. 台に茶こしでたっぷりと打ち粉をして密閉容器の側面にカードを差し込んで生地を取り出してのせ、表面に軽く打ち粉をする。
8. 気泡をつぶさないようにやさしく手で生地を引っ張りながら36×24cmにのばし、長辺を横にして左右を折って三つ折りにする。カードで3分割する。
9. 〈二次発酵〉オーブンシートを敷いた板にのせ、固く絞ったぬれぶきんをかけて室温で約1時間、ひとまわり大きくなるまで発酵させる。
10. 〈焼成〉ぬれぶきんをはずして強力粉を茶こしで軽くふる。オーブンの庫内全体に霧吹きをして、板からオーブンシートをすべらせて天板にのせ、230℃で10分、210℃で約5分焼く。

a.

b.

Ciabatta con olive e parmigiano

オリーブとパルミジャーノのチャバッタ

切りっぱなしの断面がかわいいチャバッタ。
中はふわふわで口の中でとろけるよう。
パルミジャーノを削って加えることで、しっかりチーズの香りが漂い、後を引くおいしさです。

| 材料 | 10×5cm 4個分 |

A
- ドライイースト …… 小さじ1/4
- きび砂糖 …… ひとつまみ
- ぬるま湯(40℃) …… 大さじ1

B
- 強力粉 …… 300g
- きび砂糖 …… 小さじ2
- 塩 …… 小さじ1 1/3

- 水 …… 245g
- ブラックオリーブ(種なし) …… 20g

〈フィリング〉
- オリーブオイル …… 大さじ1
- パルミジャーノ …… 10g
- 黒こしょう …… 適量

- 打ち粉(強力粉) …… 適量

| 焼く当日の下準備 |

・生地を焼く20分前に、オーブンの上段に天板を裏返して入れ、250℃に予熱。予熱が完了したら天板を表に返してオーブンの下段に戻す。

| 作り方 | p.42-43も参照 |

1 密閉容器にAを入れて室温に5分おき、ゴムべらで混ぜて溶かす。

2 Bを加え、分量の水を3回に分けて加え、その都度ゴムべらで混ぜる。2回目まではざっくり混ざっていればよい。3回目は粉っぽさがなくなるまで混ぜ、ブラックオリーブを加えて全体に混ぜる。
＊ダマが残っていても気にしなくていい。

3 〈パンチ〉「ふたをして室温で15分休ませる→ふたを取り、手で生地を下から引っ張り上げて中央に向かって折りたたむ。これを密閉容器を90度ずつ回しながら1周半行なう」を4回行なう。
＊手に生地がくっつく場合は、手に水をつけながら行なう。

4 〈ベンチタイム〉再びふたをして室温で15分休ませる。

5 〈一次発酵〉密閉容器を冷蔵庫の野菜室に入れて、約2倍にふくらむまで約12時間発酵させる。
＊2日間くらいまではよい状態で保存できる。

6 台に茶こしでたっぷりと打ち粉をして密閉容器の側面にカードを差し込んで生地を取り出してのせ、表面に軽く打ち粉をする。

7 手で引っ張りながら約25×20cmにのばし、オリーブオイルを回しかけてパルミジャーノをチーズおろしでおろしてかけ{a}、黒こしょうをふる。上下を折って三つ折りにし、さらに左右も折って三つ折りにする。

8 生地の両端を手で持って、約20×10cmにのばす。カードで十字に切って4分割する。

9 板にオーブンシートを敷いて、切り口に触れないようにカードでのせる{b}。
＊切り口の断面を楽しむパンなので触れないようにする。

10 〈二次発酵〉固く絞ったぬれぶきんをかけて、室温で約40分、ひとまわり大きくなるまで発酵させる。

11 〈焼成〉ぬれぶきんをはずしてオリーブオイル大さじ2(分量外)を回しかけ、オーブンの庫内全体に霧吹きをする。板からオーブンシートをすべらせて天板にのせ、230℃で12分、210℃で約5分焼く。

a.

b.

Ciabattone al curry
玉ねぎとレーズンのカレー風味チャバッタ

カレー生地のチャバッタ。
炒め玉ねぎとレーズンの甘み、カレーとこしょうの香りのバランスが絶妙にマッチしています。
辛みはないので子どもたちが大好きなチャバッタです。

材料	5×25cm 2個分

A
　ドライイースト……小さじ1/4
　きび砂糖……ひとつまみ
　ぬるま湯(40℃)……大さじ1

B
　強力粉……250g
　カレー粉……小さじ1
　きび砂糖……小さじ2
　塩……小さじ1

水……200g

〈フィリング〉
玉ねぎ(みじん切り)……1/2個分
オリーブオイル……小さじ1
塩、こしょう……各少々
レーズン……20g
ピザ用チーズ……30g
パセリ(みじん切り)……大さじ1

打ち粉(強力粉)……適量
強力粉……適量

下準備

・レーズンは熱湯(分量外)に30秒ほど浸してもどし、キッチンペーパーで水気をとる {a}。
・オリーブオイルを熱したフライパンに玉ねぎを入れ、しんなりするまで炒めて塩、こしょうをし、取り出す。

焼く当日の下準備

・生地を焼く20分前に、オーブンに天板を裏返して入れ、250℃に予熱。予熱が完了したら天板を表に返してオーブンに戻す。

作り方　p.42-43も参照

1　密閉容器にAを入れて室温に5分おき、ゴムべらで混ぜて溶かす。

2　Bを加え、分量の水を3回に分けて加え、その都度ゴムべらで混ぜる。2回目まではざっくり混ざっていればよい。3回目は粉っぽさがなくなるまで混ぜる。
＊ダマが残っていても気にしなくていい。

3　炒めた玉ねぎ、レーズン、ピザ用チーズ、パセリを加え、ゴムべらでしっかり混ぜる。

4　〈パンチ〉「ふたをして室温で30分休ませる→手で生地を下から引っ張り上げて中央に向かって折りたたむ。これを密閉容器を90度ずつ回転させながら1周半行なう」を3回行なう。
＊手に生地がくっつく場合は、手に水をつけながら行なう。

5　再びふたをして室温で15分休ませる。

6　〈一次発酵〉密閉容器を冷蔵庫の野菜室に入れ、約2倍にふくらむまで約12時間発酵させる。
＊2日間くらいまではよい状態で保存できる。

7　台に茶こしでたっぷりと打ち粉をして密閉容器の側面にカードを差し込んで生地を取り出してのせ、表面に軽く打ち粉をする。

8　気泡をつぶさないようにやさしく手で生地を引っ張りながら約25×30cmにのばす。長辺を縦にし、上下を折って三つ折りにする。カードで横に2分割にする(1つが約5×25cm) {b}。

9　〈二次発酵〉オーブンシートを敷いた板にのせて茶こしで打ち粉を軽くふり、固く絞ったぬれぶきんをかけて室温で約1時間、ひとまわり大きくなるまで発酵させる。

10　〈焼成〉ぬれぶきんをはずして強力粉を茶こしで軽くふり、深さ4mmのクープを縦に1本入れる。オーブンの庫内全体に霧吹きをして、板からオーブンシートをすべらせて天板にのせ、230℃で7分、210℃で約9分焼く。

a.

b.

基本のカンパーニュ

Pagnotta semplice

全粒粉入りの香ばしいカンパーニュ（田舎パン）。
ほどよく気泡が入った理想的なカンパーニュです。
食事のお供や、パニーニやブルスケッタにも使えます。

材料　直径17cm 1個分

A
- ドライイースト …… 小さじ 1/4
- きび砂糖 …… ひとつまみ
- ぬるま湯（40℃）…… 大さじ1

B
- 強力粉 …… 200g
- 全粒粉 …… 50g
- 塩 …… 小さじ1強
- きび砂糖 …… 小さじ1

- 水 …… 195g
- 打ち粉（強力粉）…… 適量
- 強力粉 …… 適量

焼く当日の下準備

- 生地を焼く20分前に、オーブンに天板を裏返して入れ、最高温度に予熱。予熱が完了したら天板を表に返してオーブンに戻す。熱湯を入れた小さな器（ココットなど）をのせる。

作り方

1.

密閉容器にAを入れて室温に5分おき、ゴムべらで混ぜて溶かす。

2.

Bを加え、分量の水を3回に分けて加え、その都度ゴムべらで混ぜる。2回目まではざっくり混ざっていればよい。3回目は粉っぽさがなくなるまで混ぜる。
＊ダマが残っていても気にしなくていい。

3. パンチ

「ふたをして室温で30分休ませる→ふたを取り、手で生地を下から引っ張り上げて中央に向かって折りたたむ。これを密閉容器を90度ずつ回しながら1周半行なう」を2回行なう。
＊手に生地がくっつく場合は、手に水をつけながら行なう。

4.

再びふたをして室温で15分休ませる。

5. 一次発酵

密閉容器を冷蔵庫の野菜室に入れて、約2倍にふくらむまで約12時間発酵させる。
＊2日間くらいまではよい状態で保存できる。

6.

台に茶こしでたっぷりと打ち粉をして、密閉容器の側面にカードを差し込んで生地を取り出す。

7.

表面に軽く打ち粉をし、生地を手で引っ張りながら約15×20cmにのばす。

8.

上下を折って三つ折りにする。

9.

さらに左右を折って三つ折りにする。

10. ベンチタイム

形を整え、固く絞ったぬれぶきんをかけて室温で20分休ませる。

11. 成形

ぬれぶきんをはずして表面に軽く打ち粉をする。手で生地を押して約15×17cmにのばす。上下をきつめに折って三つ折りにし、さらに左右も折って三つ折りにする。

12.

シュウマイを包むように端から中心に向かって生地を寄せ、中心でねじってしっかりとじる。

13.

とじ目を下にして上から下に引っ張りながら生地の表面をしっかり張らせる。

14.

直径15cmのボウルの中に乾いたふきんを敷き、茶こしでたっぷりと打ち粉をして**13**のとじ目を上にして入れ、ふきんで包む。室温で約1時間発酵させる。

打ち粉を指につけて生地に差し込み、4〜5秒で生地が元に戻れば発酵完了。

二次発酵

15.

14のボウルにオーブンシートを敷いた板を裏返してのせ、手で支えながらひっくり返す。ボウルを取ってふきんをやさしくはずす。

＊生地がふきんにくっつきやすいのでていねいにはずす。

〈焼成でアルミホイルをかぶせるわけ〉
アルミホイルをかぶせると生地の表面に直接高熱が当たらないので表面が固まってかたくなりません。さらに生地の中の水分がスチームになって生地の表面が湿るため、生地がのびやすくなり、下からの熱で生地が押し上げられてクープがきれいに開きます。

16.

表面に茶こしで強力粉をしっかりふり、クープナイフで生地の縦横に十字に深さ5mmくらいのクープを入れる。

17.

クープにオリーブオイル（分量外）を少量たらす。

18.

アルミホイルをドーム状にしてかぶせる。

＊アルミホイルは生地より1.5倍ほど大きくカットし、端を手で丸める。端を折り込むことで重しになり、オーブン内の熱風にアルミホイルが飛ばされるのを防ぐ。

19.

焼成

板からオーブンシートをすべらせて天板にのせ、250℃で20分、アルミホイルをはずして210℃で約10分焼く。

Pane al cioccolato
ショコラカンパーニュ

ブラックチョコレートたっぷりのカンパーニュ。
甘すぎないちょっぴり大人な味が魅力です。
チョコレートと相性のいいオレンジピールを加えるのもおすすめ。
加えるときはチョコレートといっしょに。

| 材料 | 直径10cm 2個分 |

A
- ドライイースト …… 小さじ1/4
- きび砂糖 …… ひとつまみ
- ぬるま湯(40℃) …… 大さじ1

B
- 強力粉 …… 235g
- ココアパウダー …… 15g
- きび砂糖 …… 大さじ2
- 塩 …… 小さじ1/2

水 …… 185g

〈フィリング〉
板チョコレート(ブラック) …… 40g

打ち粉(強力粉) …… 適量
強力粉 …… 適量

| 下準備 |

・強力粉とココアパウダーは泡立て器で均一になるまで混ぜる。
・板チョコレートは包丁で5mm角に刻む。

| 焼く当日の下準備 |

・生地を焼く20分前に、オーブンの上段に天板を裏返して入れ、250℃に予熱。予熱が完了したら天板を表に返してオーブンの下段に戻す。熱湯を入れた小さな器(ココットなど)をのせる。

| 作り方 | p.55-57も参照 |

1 密閉容器に**A**を入れて室温に5分おき、ゴムベらで混ぜて溶かす。

2 **B**を加え、分量の水を3回に分けて加え、その都度ゴムベらで混ぜる。2回目まではざっくり混ざっていればよい。3回目は粉っぽさがなくなるまで混ぜ、チョコレートを加えて混ぜる。
＊ダマが残っていても気にしなくていい。

3 〈パンチ〉「ふたをして室温で30分休ませる。ふたを取り、手で生地を下から引っ張り上げて中央に向かって折りたたむ。これを密閉容器を90度ずつ回しながら1周半行なう」を2回行なう。
＊手に生地がくっつく場合は、手に水をつけながら行なう。

4 再びふたをして室温で15分休ませる。

5 〈一次発酵〉密閉容器を冷蔵庫の野菜室に入れて、約2倍にふくらむまで約12時間発酵させる。
＊2日間くらいまではよい状態で保存できる。

6 台に茶こしでたっぷりと打ち粉をして、密閉容器の側面にカードを差し込んで生地を取り出す。表面に軽く打ち粉をして、カードで2分割する。

7 それぞれ生地を手で引っ張りながら約15×20cmにのばし、上下を折って三つ折りにする。さらに左右も折って三つ折りにする。

8 〈ベンチタイム〉丸く形を整え、固く絞ったぬれぶきんをかけて室温で15分休ませる。

9 〈成形〉ぬれぶきんをはずして手でやさしく生地を押して平らにし、直径約15cmの円形にする。

10 生地を半分に折る→さらに半分に折る→さらに半分に折って{a}、シュウマイを包むように端から中心に向かって生地を寄せ、中心でねじってしっかりとじる。

11 とじ目を下にして奥側から手前に引っ張りながら生地の表面をしっかり張らせる{b}。

12 〈二次発酵〉板の上にオーブンシートをのせ、**11**をのせる。固く絞ったぬれぶきんをかけて室温で約40分、ひとまわり大きくなるまで発酵させる。

13 それぞれ茶こしで強力粉をたっぷりふり、クープナイフで縦に1本深さ6mmのクープを入れる。

14 〈焼成〉板からオーブンシートをすべらせて天板にのせ、230℃で10分、210℃で約10分焼く。

a.

b.

Pane con fichi e noci allo sciroppo d'acero

いちじくとメープルナッツのパン

ごろごろした具材とメープルが香るリッチなパン。
メープルシロップに浸したたっぷりのいちじくとナッツを生地に混ぜ込みました。
メープルシロップのおかげで生地はしっとりとして食べやすいのがうれしい。

材料　長さ25cm 1本分

A
- ドライイースト …… 小さじ 1/4
- きび砂糖 …… ひとつまみ
- ぬるま湯(40℃) …… 大さじ1

B
- 強力粉 …… 200g
- メープルシロップ …… 大さじ1
- 塩 …… 小さじ 1/2

水 …… 135g

〈メープルフィリング〉
ミックスナッツ …… 30g
ドライいちじく(ダイスカット) …… 40g
メープルシロップ …… 大さじ1

クリームチーズ(1cm角に切る) …… 50g
メープルシロップ(仕上げ用) …… 適量

打ち粉(強力粉) …… 適量
強力粉 …… 適量

下準備

・〈メープルフィリング〉を作る。ミックスナッツは150℃のオーブンで10分ローストし、包丁で5mm角くらいに刻む。小さめの容器に入れ、ドライいちじくとメープルシロップを加えてよく混ぜ合わせる。

焼く当日の下準備

・生地を焼く20分前に、オーブンの上段に天板を裏返して入れ、250℃に予熱。予熱が完了したら天板を表に返してオーブンの下段に戻す。熱湯を入れた小さな器(ココットなど)をのせる。

作り方　p.55-57も参照

1. 密閉容器に**A**を入れて室温に5分おき、ゴムべらで混ぜて溶かす。

2. **B**を加え、分量の水を3回に分けて加え、その都度ゴムべらで混ぜる。2回目まではざっくり混ざっていればよい。3回目は粉っぽさがなくなるまで混ぜ、メープルフィリングを加えて混ぜる。
   * ダマが残っていても気にしなくていい。

3. 〈パンチ〉「ふたをして室温で30分休ませる。ふたを取り、手で生地を下から引っ張り上げて中央に向かって折りたたむ。これを密閉容器を90度ずつ回しながら1周半行なう」を2回行なう。
   * 手に生地がくっつく場合は、手に水をつけながら行なう。

4. 再びふたをして室温で15分休ませる。

5. 〈一次発酵〉密閉容器を冷蔵庫の野菜室に入れて、約2倍にふくらむまで約12時間発酵させる。
   * 2日間くらいまではよい状態で保存できる。

6. 台に茶こしでたっぷりと打ち粉をして、密閉容器の側面にカードを差し込み、生地を取り出してのせ、表面に軽く打ち粉をする。生地を手で引っ張りながら約15×20cmにのばす。

7. 〈ベンチタイム〉上下を折って三つ折りにし、さらに左右も折って三つ折りにし、軽く丸める。固く絞ったぬれぶきんをかけて室温で20分休ませる。

8. 〈成形〉ぬれぶきんをはずして手で長辺が横になるように約15×23cmに広げる。クリームチーズを全体にのせて、手前から奥側にくるくると巻いて **{a}** とじ目を指でしっかりとじる。

9. 〈二次発酵〉板にオーブンシートを敷いてとじ目を下にして**8**をのせ、固く絞ったぬれぶきんをかけて室温で約40分、生地がひとまわり大きくなるまで発酵させる。

10. ぬれぶきんをはずして強力粉を茶こしでたっぷりふり、5mm深さのクープを斜めに10本入れる **{b}**。

11. 〈焼成〉板からオーブンシートをすべらせて天板にのせ、240℃で8分、220℃で約10分焼く。オーブンから出して、クープにメープルシロップを少量たらす。

a.
b.

Bastoncini di pane con tè e limone

紅茶とレモンピールのバトンパン

生地にアールグレイの茶葉、レモンピールとホワイトチョコレートをねり込んだ、とっても香り高いバトンパン。
形は気にせず、思い思いの方向にねじって仕上げましょう。
イタリアではレーズンやオリーブ、ナッツが入っていることが多いです。

材料　長さ15cm 6本分

A
- ドライイースト …… 小さじ1/4
- きび砂糖 …… ひとつまみ
- ぬるま湯(40℃) …… 大さじ1

B
- 強力粉 …… 200g
- アールグレイの茶葉(ティーバッグ) …… 4g(大さじ2/3)
- きび砂糖 …… 小さじ1

- 塩 …… 小さじ1/2
- 水 …… 130g

〈フィリング〉
- 板チョコレート(ホワイト) …… 30g
- 刻みレモンピール …… 40g

- 打ち粉(強力粉) …… 適量
- 強力粉 …… 適量

下準備

・板チョコレートは包丁で5mm角に刻む。

焼く当日の下準備

・生地を焼く20分前に、オーブンに天板を裏返して入れ、250℃に予熱。予熱が完了したら天板を表に返してオーブンに戻す。

作り方　p.55-57も参照

1. 密閉容器に**A**を入れて室温に5分おき、ゴムべらで混ぜて溶かす。
2. **B**を加え、分量の水を3回に分けて加え、その都度ゴムべらで混ぜる。2回目まではざっくり混ざっていればよい。3回目は粉っぽさがなくなるまで混ぜる。
   ＊ダマが残っていても気にしなくていい。
3. ホワイトチョコレートとレモンピールを加えて全体に混ぜる。
4. 〈パンチ〉「ふたをして室温で30分休ませる→ふたを取り、手で生地を下から引っ張り上げて中央に向かって折りたたむ。これを密閉容器を90度ずつ回しながら1周半行なう」を2回行なう。
   ＊手に生地がくっつく場合は、手に水をつけながら行なう。
5. 再びふたをして室温で15分休ませる。
6. 〈一次発酵〉密閉容器を冷蔵庫の野菜室に入れて、約2倍にふくらむまで約12時間発酵させる。
   ＊2日間くらいまではよい状態で保存できる。
7. 台に茶こしでたっぷりと打ち粉をして、密閉容器の側面にカードを差し込んで生地を取り出してのせ、表面に軽く打ち粉をする。
8. 〈ベンチタイム〉軽く丸めて、固く絞ったぬれぶきんをかけ、室温で15分休ませる。
9. ぬれぶきんをはずして手で引っ張りながら約15×18cmにのばし、長辺を3cm幅に包丁で切って6分割し{a}、それぞれ両端を手で持って6回ねじる{b}。表面に強力粉を茶こしで軽くふる。
10. 〈二次発酵〉固く絞ったぬれぶきんをかけて約1.5倍にふくらむまで室温で約30分発酵させる。
11. 〈焼成〉オーブンの庫内全体に霧吹きをして、板からオーブンシートをすべらせて天板にのせ、240℃で12分、200℃で約3分焼く。

a.

b.

Rubrica

イタリア人にとってのパン

イタリア人にとっての「パン」の位置づけは、日本人でいう「ご飯」のようなもの。イタリア人の食卓には必ずと言っていいほど、パンが用意されます。夫のマンマはパンがないことに気づくと、夜の7時であっても車に飛び乗りパンを買いに走ります。大量に買ってきて冷凍し、いつでもパンを切らさないようにしています。

そんなパンをイタリア人は「食事のお供」と呼びます。イタリアンの塩分の濃い料理に合わせるために、パンはシンプルなものを好みます。具材は入っていないことがほとんどで、最近では塩すら入っていないパンも売っているほどです。

シンプルではあるものの、パンの種類はとっても豊富。基本的な材料は同じですが、形ややわらかさのバラエティーの多さにはとても驚かされます。最近のイタリアのはやりは、全粒粉や雑穀で作るパン。ここ数年は健康を意識して、全粒粉のパンの種類がぐっと増えてきました。ブリオッシュや甘いパンですら、全粒粉を使ったりバターなしで作られたりしています。

一方、具材をたっぷり使うものもあります。それはピッツァやフォカッチャ。この2つは、「食事のお供」のパンとはまったく異なる位置づけで、それだけで食事が完了してしまいます。だからこれらが食卓に並ぶときは、ほかのものは基本的に用意しません。

例えばピッツェリアでピッツァを頼んだ場合、付け合わせのパンは提供されませんが、同じお店でサラダやパスタを頼むとパンを持ってきてくれます。このように彼らにとってのパンの位置づけがすごくきっちりしていることをまざまざと実感します。

日本ではたくさんの具材を使った惣菜パンや、バラエティーに富んだ甘いパンを売っていてとても楽しいのですが、イタリアでは本当にシンプルなパンばかり。でも、どのパンも微妙に食感や風味が異なるので、シンプルながらまったく食べ飽きることがありません。そこがイタリアパンの面白さ、奥深さだと思います。

Pani soffici e Grissini

巻き込みパン&グリッシーニ

巻き込みパンは、ナポリの惣菜パンをご紹介します。ナポリの惣菜パンはベーコンやハムなど、冷蔵庫の残り物をフィリングとして生地で巻き込んだのが発祥のパンです。グリッシーニはぽりぽり食感が楽しめるスティックパン。ひと味違ったイタリアパンをお楽しみください。

＊こちらのパンは、生地を一晩ねかせずに作ります。

Panini napoletani

ナポリの惣菜パン① ベーコンとチーズ

ナポリのストリートフード、パニーニ・ナポレターニ。
牛乳入りのほんのり甘い生地にベーコンとチーズの塩気が好相性です。
生地はポリ袋でもむだけなので、お子さんといっしょに作って楽しんで。

材料 直径約10cm 10個分

A
- ドライイースト …… 小さじ1
- きび砂糖 …… ひとつまみ
- ぬるま湯(40℃) …… 大さじ1

B
- 強力粉 …… 400g
- 塩 …… 大さじ1/2
- きび砂糖 …… 小さじ2
- 牛乳 …… 150g
  * 使う直前まで冷蔵庫に入れておく。
- 水 …… 120g

オリーブオイル …… 大さじ1 1/2

〈フィリング〉
- ベーコン(1cm角に切る) …… 50g
- ロースハム(1cm角に切る) …… 100g
- ピザ用チーズ …… 80g
- パルミジャーノ …… 適量
- 黒こしょう …… 適量

とき卵 …… 適量
打ち粉(強力粉) …… 適量

作り方

1 ボウル(直径18cm)に**A**を入れて室温に5分おき、ゴムべらで混ぜて溶かす。

2 **B**を加えて粉っぽさがなくなるまでゴムべらで混ぜる。
* ダマが残っていても気にしなくていい。

3 ポリ袋(25×35cm)に入れてオリーブオイルを加え、口を結んで全体がまとまるまで1分30秒〜2分手でもむ {a}。

4 〈一次発酵〉ポリ袋から出して**2**のボウルに戻し入れ、ボウルごとあいたポリ袋に入れて袋の口をボウルの下に折り込み、約2倍にふくらむまで室温で約1時間30分発酵させる。

5 台に茶こしでたっぷりと打ち粉をして生地をのせ、めん棒で40×25cm×厚さ4mmくらいにのばす {b}。

6 長辺を横にして置き、ベーコン、ハム、ピザ用チーズをのせ、パルミジャーノをチーズおろしでおろしてかけ、黒こしょうをふる。

7 手前から奥側に向かってくるくるときつめに巻き {c}、巻き終わりを指でつまんでしっかりとじる。とじ目を下にして包丁で4cm幅に切る {d}。

8 〈二次発酵〉オーブンシートを敷いた板にのせ、ラップをかけて30℃(オーブンの発酵機能使用)で約40分、ひとまわり大きくなるまで発酵させて取り出す。

9 〈焼成〉オーブンの上段に天板を裏返して入れ、220℃に予熱。予熱が完了したら天板を表に返してオーブンの下段に戻す。**8**のラップをはずしてとき卵を刷毛で薄くぬり、オーブンの庫内全体に霧吹きをして板からオーブンシートをすべらせて天板にのせる。200℃で10分、180℃で約7分焼く。

a.

b.

c.

d.

Pane con edamame e formaggio

ナポリの惣菜パン② 枝豆とチーズ

ポリ袋でもむだけの生地に、たっぷりの枝豆と粒マスタード、黒こしょうを巻き込んだ惣菜パンです。
マスタードと黒こしょうがピリッとアクセントに。
食事はもちろん、おつまみにもぴったりです。

材料　直径7cm 10個分

A
- ドライイースト……小さじ2/3
- きび砂糖……ひとつまみ
- ぬるま湯（40℃）……大さじ1

B
- 強力粉……300g
- 塩……小さじ2/3
- きび砂糖……小さじ1
- 牛乳……110g
  *使う直前まで冷蔵庫に入れておく。
- 水……90g

オリーブオイル……大さじ1

〈フィリング〉
- むき枝豆（冷凍）……70g
- 粒マスタード……大さじ3
- ピザ用チーズ……適量
- スライスベーコン（長さ20cmのもの）
  ……5枚
  *長さが足りないときは2枚重ねる。
- 黒こしょう……適量

とき卵……適量
打ち粉（強力粉）……適量

作り方　p.67も参照

1. ボウル（直径18cm）に**A**を入れて室温に5分おき、ゴムべらで混ぜて溶かす。
2. **B**を加えて粉っぽさがなくなるまでゴムべらで混ぜる。
   *ダマが残っていても気にしなくていい。
3. ポリ袋（25×35cm）に入れてオリーブオイルを加え、口を結んでオリーブオイルがなじんで全体がまとまるまで1分30秒〜2分、手でもむ。
4. 〈一次発酵〉ポリ袋から出して**2**のボウルに戻し入れ、ボウルごとあいたポリ袋に入れて袋の口をボウルの下に折り込み、約2倍にふくらむまで室温で約1時間30分発酵させる。
5. 台に茶こしでたっぷりと打ち粉をして生地をのせ、めん棒で30×24cm×厚さ3mmくらいにのばす。
6. 長辺を横にして置き、粒マスタードをスプーンで表面にぬり広げ、ベーコンを縦に5枚並べて、枝豆とピザ用チーズをまんべんなく散らし{a}、黒こしょうをふる。
7. 手前から奥側に向かってくるくるときつめに巻き、巻き終わりを指でつまんでしっかりとじて、包丁で3cm幅に10等分に切る。グラシンカップに入れ、手で軽く押して生地の高さをそろえる。
8. 〈二次発酵〉オーブンシートを敷いた板にのせ、ラップをかけて30℃（オーブンの発酵機能使用）で約40分、ひとまわり大きくなるまで発酵させて取り出す。
9. 〈焼成〉オーブンの上段に天板を裏返して入れ、220℃に予熱。予熱が完了したら天板を表に返してオーブンの下段に戻す。**8**にピザ用チーズを散らし、オーブンの庫内全体に霧吹きをして、板からオーブンシートをすべらせて天板にのせる。200℃で10分、180℃で約10分焼く。

a.

パン屋に並ぶ巻き込みパン
イタリアのパン屋さんではフォカッチャと並んで売られています。この店ではズッキーニとチーズをフィリングとして巻いたものが人気。

Girelle alle mele e cannella

ナポリの惣菜パン③ アップルシナモンロール

りんごが入ったシナモンロール。
りんご煮をフィリングにして包むと、
生地にバターを加えていなくてもしっとり仕上がります。
マフィン型を使って焼くので、ぷっくりとしたとてもかわいい形。
最後にアイシングをとろ〜りとかけていただきます。

| 材料 | 直径6.3×高さ3.2cmのマフィン型6個分 |

A
- ドライイースト …… 小さじ1/2
- きび砂糖 …… ひとつまみ
- ぬるま湯（40℃）…… 大さじ1

B
- 強力粉 …… 200g
- 塩 …… 小さじ1/3
- きび砂糖 …… 小さじ2
- 牛乳 …… 75g
  ＊使う直前まで冷蔵庫に入れておく。
- 水 …… 60g

オリーブオイル …… 大さじ1

〈とかしバター〉
バター（食塩不使用）…… 20g

〈フィリング〉
- りんご …… 大1個（280g）
- きび砂糖 …… 小さじ2
- レモン果汁 …… 大さじ1

〈シナモンペースト〉
- シナモンパウダー …… 小さじ3
- きび砂糖 …… 小さじ1/2
- 牛乳 …… 小さじ2

〈アイシング〉
- 粉砂糖 …… 70g
- 水 …… 小さじ2 1/3

打ち粉（強力粉）…… 適量

| 下準備 |

- 〈フィリング〉を作る。りんごは皮をむいて縦8等分に切って芯を取り、2mm厚さのいちょう切りにする。小鍋に入れ、きび砂糖とレモン果汁を加えて弱火にかけ、しんなりするまで5〜8分煮て火を止める {a}。
- 〈シナモンペースト〉を作る。材料を小さめの容器に入れて混ぜ合わせる。
- 〈とかしバター〉を作る。耐熱容器にバターを入れてラップをし、電子レンジで30秒加熱してとかす。
- マフィン型に手でバター（分量外）をぬる {b}。

| 作り方 | p.67も参照 |

1. ボウル（直径18cm）に**A**を入れて室温に5分おき、ゴムべらで混ぜて溶かす。
2. **B**を加えて粉っぽさがなくなるまでゴムべらで混ぜる。
   ＊ダマが残っていても気にしなくていい。
3. ポリ袋（25×35cm）に入れてオリーブオイルを加え、口を結んで全体がまとまるまで1〜2分手でもむ。
4. 〈一次発酵〉ポリ袋から出して**2**のボウルに戻し入れ、ボウルごとあいたポリ袋に入れて袋の口をボウルの下に折り込み、約2倍にふくらむまで室温で約1時間30分発酵させる。
5. 台に茶こしでたっぷりと打ち粉をして生地をのせ、めん棒で30×24cm×厚さ3mmくらいにのばす。
6. 短辺を横にして置き、とかしバターを刷毛で全体にぬり、奥側を2cmほど残してシナモンペーストを刷毛でぬり広げ、フィリングを全体に散らす。
7. 手前から奥側に向かってくるくるときつめに巻き、巻き終わりを指でつまんでしっかりとじる。とじ目を下にして包丁で4cm幅に6等分に切り、それぞれ型に入れて手のひらで表面を軽く押して平らにする。
8. 〈二次発酵〉ラップをかけて30℃（オーブンの発酵機能使用）で約40分、ひとまわり大きくなるまで発酵させて取り出す。
9. 〈焼成〉オーブンの上段に天板を裏返して入れ、220℃に予熱。予熱が完了したら天板を表に返してオーブンの下段に戻す。**8**を天板にのせ、庫内全体に霧吹きをして180℃で約20分焼く。型から出し、網にのせて冷ます。
10. 粉砂糖と水を混ぜ合わせてアイシングを作り、表面にスプーンでジグザグにかける。

a.

b.

Grissini semplici

岩塩&オリーブオイルのグリッシーニ

細長いスティック状が特徴のグリッシーニ。ぽりぽりとした食感がクセになります。
細さはお好みで。細ければカリッとした食感に、少し太めにすると食べごたえが増します。
また生ハムを巻けばおしゃれな前菜にも変身です。

材料　25〜30cm 40本分

A
- ドライイースト …… 小さじ1/3
- きび砂糖 …… ひとつまみ
- ぬるま湯（40℃）…… 大さじ1

B
- 強力粉 …… 200g
- 塩 …… 小さじ1/2
- 水 …… 115g

オリーブオイル …… 大さじ2

〈仕上げ〉
オリーブオイル …… 適量
岩塩 …… 適量

下準備

・生地を焼く20分前に、オーブンの上段に天板を裏返して入れ、200℃に予熱。予熱が完了したら天板を表に返してオーブンの下段に戻す。

作り方

1. ボウル（直径18cm）に**A**を入れて室温に5分おき、ゴムべらで混ぜて溶かす。
2. **B**を加えて粉っぽさがなくなるまでゴムべらで混ぜる。
   ＊ダマが残っていても気にしなくていい。
3. ポリ袋（25×35cm）に入れてオリーブオイルを加え、口を結んで全体がまとまるまで3〜4分手でもむ。
4. 〈一次発酵〉ポリ袋から出して**2**のボウルに戻し入れ、ボウルごとあいたポリ袋に入れて袋の口をボウルの下に折り込んで、室温で約1時間発酵させる。
   ＊ふっくらする程度にふくらめばよい。
5. 〈分割〉台に茶こしでたっぷりと打ち粉をして生地を手でのせ、カードで4分割する。それぞれめん棒で約10×15cmにのばし、10cmの辺を包丁で1cm幅くらいに切る。
6. 〈成形〉両手で転がしながらスティック状にねじり、25〜30cmにのばす {a}。
7. オーブンシートを敷いた板にのせ、オリーブオイルを刷毛で表面にぬって岩塩を散らす {b}。
8. 〈焼成〉オーブンの庫内全体に霧吹きをして、板からオーブンシートをすべらせて天板にのせ、180℃で約18分焼く。

前菜で登場するグリッシーニ

軽食ができるBar（バール）でアンティパスト（前菜）として運ばれてきたグリッシーニ。ちょっと珍しい雑穀がまぶされたものでとても香ばしいです。

a.

b.

Grissini al timo e parmigiano
タイム&パルミジャーノのグリッシーニ

タイムとパルミジャーノ、
黒こしょうを生地に練りこんだグリッシーニ。
こしょうがピリッと効いて、ワインのお供にもぴったりです。

材料　25〜30cm 40本分

- **A**
  - ドライイースト……小さじ1/3
  - きび砂糖……ひとつまみ
  - ぬるま湯(40℃)……大さじ1
- **B**
  - 強力粉……200g
  - 塩……小さじ1/2
  - ドライタイム……小さじ2
  - 黒こしょう……適量
  - パルミジャーノ(チーズおろしでおろす)……大さじ2
  - 水……115g
- オリーブオイル……大さじ2

〈仕上げ〉
- オリーブオイル……適量
- 打ち粉(強力粉)……適量

下準備

- 生地を焼く20分前に、オーブンの上段に天板を裏返して入れ、200℃に予熱。予熱が完了したら天板を表に返してオーブンの下段に戻す。

作り方

1. ボウル(直径18cm)に**A**を入れて室温に5分おき、ゴムべらで混ぜて溶かす。
2. **B**を加えて{a}粉っぽさがなくなるまでゴムべらで混ぜる。
   ＊ダマが残っていても気にしなくていい。
3. ポリ袋(25×35cm)に入れてオリーブオイルを加え、口を結んで全体がまとまるまで3〜4分手でもむ。
4. 〈一次発酵〉ポリ袋から出して**2**のボウルに戻し入れ、ボウルごとあいたポリ袋に入れて袋の口をボウルの下に折り込んで、室温で約1時間発酵させる。
   ＊ふっくらする程度にふくらめばよい。
5. 〈分割〉台に茶こしでたっぷりと打ち粉をして生地を手でのせ、カードで4分割する。それぞれめん棒で約10×15cmにのばし、10cmの辺を包丁で1cm幅くらいに切る。
6. 〈成形〉両手で転がしながらスティック状にねじり、25〜30cmにのばす。
7. オーブンシートを敷いた板にのせ、オリーブオイルを刷毛でぬる。
8. 〈焼成〉オーブンの庫内全体に霧吹きをして、板からオーブンシートをすべらせて天板にのせ、180℃で約18分焼く。

a.

作ったパンで楽しむパニーノとブルスケッタ

具をはさんで楽しむパニーノと、具をのせて楽しむブルスケッタ。ここでは作ったパンを使って軽食やおつまみ、おやつにぴったりのレシピをご紹介します。
＊イタリアではサンドのことをパニーノ（1個）とかパニーニ（2個）と呼ぶ。

生ハムといちじくのパニーノ

| 材料 | 2人分 |

ローズマリーとオリーブの
　レモンチャバタ（p.48参照）……2個
カマンベールチーズ……50g
ベビーリーフ……適量
ドライいちじく……60g
生ハム……6枚
オリーブオイル……小さじ2

| 作り方 |

1　カマンベールチーズは1cm幅に切る。チャバタは横に切り込みを入れ、それぞれ半量のベビーリーフ、生ハム、カマンベールチーズ、ドライいちじくの順にのせ、オリーブオイルをかけてはさむ。これをもう1つ作る。

フォカッチャのカプレーゼパニーノ

| 材料 | 2人分 |

基本のフォカッチャ（p.12参照）
　……8×8cmにカットしたもの・2個
モッツァレラチーズ（5mm厚さに切る）……6枚（50g）
ルッコラ……適量
トマト（5mm幅に切る）……1/2個分
バジルの葉……適量
塩、こしょう……各少々
オリーブオイル……小さじ2

| 作り方 |

1　フォカッチャは厚さを半分に切り、それぞれ半量ずつルッコラを敷いて、モッツァレラチーズとトマトを交互にのせ、塩、こしょうをする。バジルの葉をちぎって散らし、オリーブオイルをたらしてもう1枚ではさむ。もう1つも同様にして作る。

Panini

スモークサーモンとアボカドのパニーノ

材料 2人分

基本のカンパーニュ（p.54参照）
　……1cm厚さに切ったもの・4枚
紫玉ねぎ（薄切り）……少々
アボカド……1個

A（混ぜ合わせる）
　マヨネーズ……小さじ2
　レモン果汁……小さじ2
　オリーブオイル……小さじ1
　塩……ふたつまみ
　こしょう……少々

クリームチーズ……20g
スモークサーモン……45g
ディル……適量

作り方

1. 紫玉ねぎは水に5分ほどさらしてざるに上げ、水気を絞る。アボカドは種と皮を取ってフォークなどでつぶし、ペースト状にしてAを加えて混ぜる。
2. カンパーニュの表面にそれぞれクリームチーズをぬり、半量のアボカド、スモークサーモン、紫玉ねぎ、ディルを順にのせてもう1枚ではさむ。これをもう1つ作る。

ベーコンとオムレツのパニーノ

材料 2人分

じゃがいものもちもちチャバッタ（p.46参照）……2個
ベーコン……2枚
バター（食塩不使用）……適量
パセリ（みじん切り）……適量

A（混ぜ合わせる）
　卵……2個
　牛乳……大さじ1
　粉チーズ……大さじ1
　塩……ふたつまみ
　こしょう……少々

作り方

1. フライパンにバターを熱し、中火でベーコンを焼く。表面がこんがり焼けたら取り出す。同じフライパンにバター少々を足し、強火で熱し（バターを焦がさないように注意）、Aの半量を一気に加える。
2. ゴムべらで大きく4回ほどかき混ぜ、周りが固まってきたら弱火にして、チャバッタのサイズに合わせたオムレツを作り、取り出す。これをもう1つ作る。
3. チャバッタの厚さを半分に切り、オムレツ、ベーコンの半量を順にのせる。パセリを散らしてもう1枚ではさむ。これをもう1つ作る。

トマトのブルスケッタ

材料 2人分

基本のカンパーニュ（p.54参照）
　……1.5cm厚さに切ったもの・2枚
にんにく……少々

A ┃ ミニトマト（へたを取り4等分に切って
　 ┃ 　種を取り除く）……5個
　 ┃ 塩……ひとつまみ
　 ┃ こしょう……少々
　 ┃ オリーブオイル……大さじ2
　 ┃ バジルの葉（細かくちぎる）……適量

作り方

1. ボウルに**A**を入れ、よく混ぜ合わせて30分おく。こうすると味がなじんでマイルドに仕上がる。
2. カンパーニュは1枚を半分に切り、オーブントースターでカリッと焼く。
3. にんにくの切り口を**2**の表面に2～3回すり込み、**1**を等分にのせてオリーブオイル少々（分量外）をかける。

生ハムとメープルのブルスケッタ

材料 2人分

いちじくとメープルナッツのパン（p.60参照）
　……1.5cm厚さに切ったもの・6枚
生ハム……3枚
クリームチーズ……適量
メープルシロップ……適量

作り方

1. カンパーニュはオーブントースターでカリッと焼く。生ハムは長さを半分に切る。
2. クリームチーズをパンの表面にぬり、生ハムを1枚ずつのせてメープルシロップをかける。

Bruschette

柿とモッツァレラのブルスケッタ

材料 2人分

基本のカンパーニュ（p.54参照）
　……1.5cm厚さに切ったもの・2枚
柿……1/2個
モッツァレラチーズ……1/2個（50g）
塩、こしょう……各少々

A（混ぜ合わせる）
　バルサミコ酢……小さじ2
　オリーブオイル……小さじ2

パセリ（みじん切り）……適量

作り方

1. カンパーニュは半分に切り、オーブントースターでカリッと焼く。柿は半分に切ってへたを取り除き、皮をむいて3mm厚さに切る。モッツァレラチーズも半分に切って3mm厚さに切る。
2. カンパーニュに柿3枚とモッツァレラチーズ2枚を交互に並べ、塩、こしょうをふってAをかけ、パセリを飾る。

えびのエスニック風ブルスケッタ

材料 2人分

玉ねぎとレーズンのカレー風味チャバッタ
　（p.52参照）……1.5cm厚さに切ったもの・6枚
ボイルえび……12尾
にんにく……少々
バター……適量
香菜（シャンツァイ）……適量
黒こしょう……少々

A（混ぜ合わせる）
　マヨネーズ……大さじ1
　トマトケチャップ……大さじ1
　レモン果汁……大さじ1/2
　ラー油……小さじ2
　オリーブオイル……小さじ1

作り方

1. チャバッタはオーブントースターでカリッと焼き、熱いうちに表面ににんにくの切り口を2～3回すり込み、バターをぬる。ボイルえびを2個ずつのせてAをかけ、黒こしょうをふって香菜をちぎって飾る。

カリニ 彩
Aya Carini

料理研究家。小学生の2年間をミラノで過ごし、日本とは全く異なるイタリアの文化に魅了される。早稲田大学在学中、ボローニャ大学に1年間交換留学。そこでイタリア人3人と同居する。イタリアの生活の中で出会ったパンやフォカッチャ、ピッツァのおいしさに感動し、自宅で再現するのが日課に。大学卒業後、システム系の会社に就職してイギリスのリバプールに駐在。ブラジルのプロジェクトを担当し、イギリスとブラジルを行き来する生活を1年ほど続ける。2013年にイタリア人の夫と結婚し、イギリスに移住。長男を出産後、2016年から日本に在住。現在は4児の子育てのかたわら、マンマが作るようなおうちイタリアンや簡単にできるパンレシピをもっと知ってもらいたいとSNSで発信している。

Instagram @felicehippo

デザイン
小橋太郎 (Yep)

撮影
野口健志

スタイリング
池水陽子

校閲
田中美穂

編集
小橋美津子 (Yep)
田中 薫 (文化出版局)

材料協力

株式会社富澤商店
オンラインショップ
https://tomiz.com/
電話番号：0570-001919

東芝ライフスタイル
過熱水蒸気オーブンレンジ
「ER-D3000A」
https://www.toshiba-lifestyle.com/jp/microwaves/

UTUWA
03-6447-0070

ゴムべらで混ぜて、冷蔵庫でゆっくり発酵
素朴でおおらかなイタリアパン

2024年12月28日　第1刷発行

著　者　カリニ 彩
発行者　清木孝悦
発行所　学校法人文化学園 文化出版局
　　　　〒151-8524　東京都渋谷区代々木3-22-1
　　　　電話 03-3299-2485（編集）
　　　　　　 03-3299-2540（営業）
印刷・製本所　株式会社文化カラー印刷

Ⓒ Ayako Carini 2024　Printed in Japan
本書の写真、カット及び内容の無断転載を禁じます。

本書のコピー、スキャン、デジタル化等の無断複製は著作権法上での例外を除き、禁じられています。
本書を代行業者等の第三者に依頼してスキャンやデジタル化することは、たとえ個人や家庭内での利用でも著作権法違反になります。

文化出版局のホームページ　https://books.bunka.ac.jp/